Textos et cie

TOUT POUR ÊTRE HEUREUSE !

Kennes

Publié avec les autorisations des Éditions Andara inc.,
Québec, Canada

Auteure : Geneviève Guilbault
Illustrations de la couverture et des ouvertures de chapitres : Magalie Foutrier
Illustrations intérieures : Adobe Stock et Shutterstock
Graphisme : Julie Deschênes

Rue de la Blanche Borne 15
6280 Gerpinnes (Loverval) – Belgique
www.kenneseditions.com

Légère adaptation et lexique : Dimitri Kennes et Benjamin Schwanen

Dépôt légal : novembre 2018 — D/2018/13.105/116

ISBN : 978-2-8758-0667-3
NUART : 74-3036-9

Imprimé en Europe

Textos et cie

3

TOUT POUR ÊTRE HEUREUSE !

Geneviève Guilbault

À Charlie.

Quelle merveilleuse jeune femme tu es en train de devenir ! Je te souhaite tout le bonheur du monde !

XXX

Avant-propos

Préparez-vous à vivre une aventure incroyablement colorée avec Morgane, ses nouveaux amis et ses nombreux textos !

Bien qu'écrite en français, cette série a été créée par une pure Québécoise (MOI !) et se déroule dans la Belle Province. Ne soyez pas effrayés par les expressions typiques de mon coin de pays. Laissez-vous plutôt imprégner de cette saveur locale qui lui est propre. Les mots identifiés par un astérisque sont expliqués en bas de page lors de leur première utilisation, et par la suite, vous pourrez les retrouver si nécessaire dans le lexique alphabétique à la fin du livre. Vous apprendrez ainsi ce que signifient certains mots tels que *chum* (copain), *cell* (portable) et *party* (fête).

Bonne lecture et surtout, amusez-vous bien !

Geneviève XXX

CHAPITRE 1

Retour de vacances

CHAPITRE 1

ALLÔ!

Anna : Salut, Morgane !
J'ai besoin de ton avis. Est-ce que je devrais porter mon jeans rouge ou ma jupe noire ce soir ?

Moi : Pourquoi ?
Qu'est-ce qu'il y a ce soir ?

Anna : Je vais au cinéma avec Greg.
Tu t'en souviens ? Je t'en ai parlé hier.

Moi : Ah oui ! c'est vrai !

Moi : Désolée. J'ai failli oublier qu'il était possible d'avoir une vie sentimentale normale et équilibrée.

Moi : Ça va toujours bien, vous deux ?

Anna : Rien de nouveau depuis hier.

Moi : Tant mieux pour vous.

Anna : Tu as l'air un peu déprimée. Toujours pas de nouvelles de Thomas ?

Moi : Non. Rien de rien. Pas un seul petit message. Monsieur fait son indépendant.

Anna : Es-tu sûre qu'il a accès à un réseau sans fil, là où il allait ?

Moi : Aucune idée.

Anna : Eh bien voilà ! Je suis certaine qu'il va t'écrire en arrivant.

Moi : Si tu le dis...

Moi : Argh ! Tu sais quoi ? Je ne comprends pas ! Je ne comprends pas pourquoi ses parents ont voulu partir si longtemps ! C'est long, trois semaines dans le Sud ! Beaucoup trop long !

GRRR !

CHAPITRE 1

Moi : Je veux dire… Une fois que tu as marché sur la plage, que tu t'es baigné, que tu as avalé trois litres d'eau salée à cause des vagues, que tu t'es brûlé le dos parce que tu as oublié de mettre de la crème solaire, que tu as goûté à tous les plats du buffet et que tu as bu des *drinks* sucrés jusqu'à t'en donner mal au cœur, que demander de plus ?

Moi : Trois semaines, ce n'est plus des vacances ! C'est… C'est un kidnapping !

Anna : Ouf ! Tu es un brin dramatique, Mo ! Et un peu intense, je dirais !

Anna : Je ne pensais pas que tu t'ennuyais de Thomas à ce point.

Moi : Quoi ? Non ! Je ne m'ennuie pas de lui « à ce point ».

Moi : Je m'ennuie « normal ».

Anna : Je ne suis pas sûre de ça, moi ! Tu fais semblant de rien, mais dans le fond, tu as trop, trop hâte qu'il revienne !

Moi : N'importe quoi !

Anna : C'est ça ! N'essaie pas !

Anna : Tu te languis de sa présence. 🙂

Anna : Tu te morfonds.

Anna : Tu sèches.

Anna : Tu tournes en rond.

Anna : Tu t'emmerdes.

Moi : Ça suffit, Anna !
C'est toi qui es intense, là !

Anna : N'empêche que j'ai raison. 😉

Moi : Tu te fais des idées. Il n'y a rien entre nous. Enfin, pas encore.

Moi : Peut-être même qu'il n'y aura jamais rien, si la tendance se maintient.

Anna : Sois patiente, Mo. Je suis sûre que ça va finir par aller mieux, vous deux.

Moi : Patiente ? Je ne fais que ça, être patiente. J'en ai assez d'être patiente ! 😠

Moi : Je n'aurais jamais dû céder. Je n'aurais jamais dû accepter de sortir un soir avec lui.

Moi : À quoi ai-je pensé, aussi ? On parle de Thomas !

Moi : Tomas-le-coureur-de-jupons-qui-change-de-blonde *-toutes-les-deux-semaines. Thomas-le-beau-gars-qui-ne-peut-s'empêcher-de-faire-les-yeux-doux-à-toutes-les-filles-qu'il-rencontre. Thomas-avec-qui-je-n'ai-pas-réussi-à-faire-une-seule-sortie-digne-de-ce-nom.

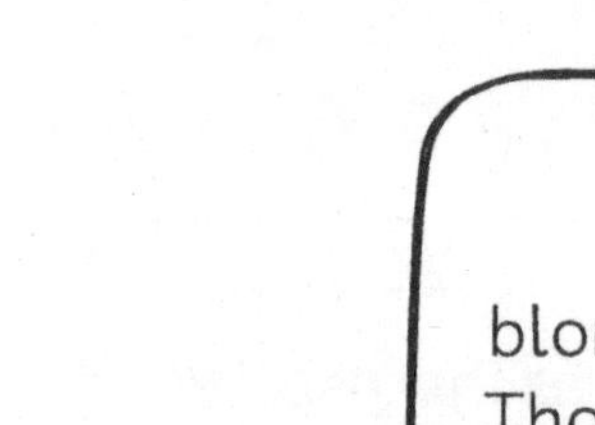

* **Blonde** – Petite amie, amoureuse, copine.

Anna : Hé ! Prends le temps de respirer, veux-tu ?

Anna : Tu sais très bien que ce n'est pas la faute de Thomas si vos rendez-vous n'ont pas été des succès. Tu ne peux pas lui en vouloir pour ça.

Anna : Donne-lui une chance.

Ça me coûte de l'admettre, mais Annabelle a raison. Thomas a essayé plusieurs fois de nous préparer une sortie de rêve. Malheureusement, rien n'a fonctionné. Les planètes étaient-elles mal alignées ? La configuration des étoiles nuisait-elle à notre succès amoureux ? Allez savoir ! Je ne connais pas grand-chose à l'astrologie, moi, et encore moins à l'astronomie. Tout ce que je sais, c'est que chacune de nos tentatives s'est soldée par un échec magistral :

→ PREMIÈRE TENTATIVE :
marche au clair de lune.

Complication reliée à ladite tentative :

chute de verglas qui rend
les routes impraticables en voiture
(et dangereuses à pied). Fermeture
de l'école, fermeture des commerces,
quasi-fermeture de la ville entière.
Pas très sécuritaire ni très emballant.

* SOIRÉE ANNULÉE ! *

→ DEUXIÈME TENTATIVE :
sortie en tête à tête dans
le meilleur (et pratiquement
le seul) resto de la ville.

Complication reliée à ladite tentative :

violente gastroentérite quelques
heures avant notre rendez-vous.

(J'ai été penchée au-dessus de la cuvette des toilettes jusqu'au petit matin avec des haut-le-cœur et des crampes abdominales dignes d'une appendicite.) Pas très hygiénique ni très romantique.

* SOIRÉE ANNULÉE ! *

→ TROISIÈME TENTATIVE :
cinéma maison avec pop corn à volonté.

Complication reliée à ladite tentative :

visite surprise des parents (surexcités) de Thomas qui lui demandent de faire ses bagages en vitesse. Départ immédiat pour le Sud ! Hors de question qu'on passe les fêtes de fin d'année dans la neige et le froid ! Très injuste et très frustrant.

* SOIRÉE ANNULÉE ! *

Moi : J'avoue qu'on a été plutôt malchanceux.

Anna : Ne te décourage pas. Vous aurez le temps de vous reprendre. Mon petit doigt me dit que la prochaine fois sera la bonne.

Hi ! Hi !

Moi : Ton petit doigt, hein ? 😉 Et qu'est-ce qu'il a d'autre à dire, ton petit doigt ?

Moi : Est-ce qu'il a des informations pertinentes à te donner à mon sujet ?

Moi : Est-ce que la nouvelle année me réserve plein de belles surprises ? Oh ! Ne me dis pas que le *No Name* va enfin être reconnu mondialement ?

Moi : Mieux encore : je vais peut-être me trouver un emploi dans le plus prestigieux journal de la planète ?

Anna : Es-tu devenue hyperactive du texto pendant les vacances ou quoi ? J'arrive à peine à te suivre, Morgane !

Moi : Oui, je me suis un peu emballée, désolée. J'ai surestimé les capacités de ton petit doigt. J'imagine qu'il n'est pas plus bavard qu'un plancher de bois franc !

Anna : En effet. Mais je peux toujours compter sur lui quand ça pique au fond de mon oreille. Il est très efficace.

Moi : Tant qu'il ne lui prend pas l'envie de fouiller dans ton nez, ça me va.

Anna : Ne t'inquiète pas pour ça.

Anna : Pour en revenir à ton avenir, je te dirais ceci : ta vie est le résultat des choix que tu fais. Prends les bonnes décisions, et ça te mènera aussi loin que tu le désires. Prends les mauvaises, et tu en subiras les conséquences.

Moi : Euh, OK. C'est un peu déprimant, tu ne trouves pas ? En plus, ça ne laisse pas beaucoup de place à l'erreur.

Anna : Mais c'est la vérité. C'est ma psy qui me l'a dit.

Moi : Ta psy ? Depuis quand tu vois une psy, toi ?

Hein?

Anna : Depuis hier. Elle est fantastique ! ☺

Anna : Ça fait partie de mes résolutions de la nouvelle année : mieux vivre avec le décès de maman. C'est toi qui m'en as donné l'idée, tu t'en souviens ? Tu me disais que ça t'avait aidée à accepter le départ de ton père.

Moi : Bien sûr que je m'en souviens.

Moi : Je ne suis pas guérie à cent pour cent (je dois avouer qu'il m'arrive encore d'espérer son retour), mais je pense que je m'en sors plutôt bien.

Anna : Tu t'en sors plus que bien, Morgane. Et je veux faire pareil.

J♥TDR

Moi : C'est une très bonne décision, Anna. Je suis fière de toi.

Anna : Merci. Et toi ? Quelles sont tes résolutions ?

Moi : Bah… Je ne crois pas trop à ces trucs-là.

Anna : Là, tu me surprends !

Anna : Tu es la première à vouloir améliorer le monde à grands coups de pelle. Pourquoi ne pas commencer par travailler sur ta personne ?

Moi : Je veux bien, mais je ne vois pas pourquoi je devrais modifier une œuvre déjà parfaite.

Anna : J'admire ta modestie, ma chère ! LOL !

Hi ! Hi ! Hi !

Anna : Sans blague, les résolutions n'ont jamais fait de mal à personne, tu ne crois pas ?

Anna : Tiens ! Ça ferait un super sujet pour le prochain numéro du *No Name* !

Moi : Trop tard. Il est presque terminé.

Anna : Déjà ? Tu avais pourtant promis de t'amuser pendant les fêtes.

Moi : C'est ce que j'ai fait. J'ai rendu visite à ma famille, j'ai cuisiné avec ma mère, j'ai passé plein de temps avec Louba et Yanie, j'ai pelleté, j'ai joué avec mon chien, mon chat, mes tortues et ma perruche, j'ai fait du shopping et je suis même allée glisser !

Anna : *My God !* Tu as été plus occupée que moi !

Anna : Tu l'as écrit quand, le *No Name* ? En dormant ?

Moi : Hum… voilà qui serait pratique.

Moi : En fait, ma mère est venue me reconduire à la résidence plus tôt que prévu, alors j'en ai profité pour travailler.

Anna : Tu es déjà dans notre chambre ? Pourquoi ? Les cours recommencent seulement dans deux jours.

Moi : Je sais. J'avais besoin de temps pour moi, c'est tout.

Anna : Ah ! OK. En tout cas, fais-moi signe si tu veux de la compagnie.

Moi : 👍

Anna : À +

Bye !

CHAPITRE 1

Et voilà, c'est parti pour une nouvelle année. Je dois dire que je me sens plutôt bien, toute seule dans ma chambre. Personne pour me demander de dresser la table. Personne pour me demander de faire un peu de nettoyage. Personne pour me demander de laver la vaisselle, de déneiger la voiture, d'aller chercher du lait au dépanneur ou de tuer la grosse araignée qui marche sur le plancher de la salle de bain (pas question de la tuer, je suis allée la porter au sous-sol, là où elle pourra vivre au chaud et en sécurité). Je peux écouter la musique que je veux. Quand je le veux. Aussi fort que je le veux. Je peux regarder la télé toute la journée. Je peux danser, chanter, crier – pas trop fort, quand même ! – et me promener toute nue si j'en ai envie – seulement après avoir tiré les rideaux et vérifié trois fois que la porte de ma chambre est bien verrouillée.

Attention ! Ne vous méprenez pas : je ne suis pas en train de me sauver de ma mère. Je l'adore, ma mère ! Elle est fantastique. Elle est généreuse, elle est toujours de bonne humeur – tant qu'elle a bu ses trois cafés du matin –, elle est drôle – à ses heures –, elle est divertissante – il n'y a pas meilleur qu'elle pour commenter un film avec sa petite voix de *cartoons* – et en plus, elle m'aime plus que tout.

Ce qu'il y a, c'est qu'en déménageant à la résidence, j'ai perdu l'habitude de l'avoir près de moi vingt-quatre heures sur vingt-quatre. Elle ne m'a pas lâchée d'une semelle pendant toutes les vacances. Elle m'a fait une manucure, une pédicure, un traitement facial, un massage, un masque à la purée d'artichauts, une épilation complète à la cire chaude, des mèches, un blanchiment des dents, et elle m'a même proposé de payer pour une extension de cils.

Intense, non ? Ce n'est pas tout : j'ai eu droit à un déjeuner* au lit tous les jours ! Tous. Les. Jours ! Quoi ? Vous croyez que je me plains pour rien ? Détrompez-vous ! J'ai étudié la question, et j'en suis venue à la conclusion qu'il est impossible d'éprouver une réelle satisfaction à long terme en mangeant dans son lit tous les jours. Voici l'échelle d'évolution du bien-être ressenti tel que je l'ai observé :

* **Déjeuner** – Repas du matin.

JOUR 1 :

Le sujet (c'est moi, ça!) est surpris.
Il apprécie l'attention qu'il qualifie
de charmante et d' adorable .
Il prend plaisir à déguster son repas et
souhaite en secret que l'expérience soit
répétée tous les jours jusqu'à l'infini.

JOUR 2 :

Le sujet (encore moi!) n'a pas de
mots. Deux fois en deux jours? Wow!
Il se sent tout à fait spécial.

JOUR 3 :

Le sujet (je pense que vous avez
compris) commence à se poser des
questions. Sa mère a-t-elle quelque
chose à se faire pardonner, ou veut-
elle seulement gâter sa fille adorée?

JOUR 4 :

Le sujet aime les déjeuners copieux,
mais il aimerait bien manger un simple
bol de céréales ce matin-là. On lui
répond que ce n'est pas possible.

Œufs, croissants, patates rissolées, fruits frais, fromage et jus d'orange fraîchement pressé sont au menu. Encore.

JOUR 5 :

Le sujet aurait dormi plus longtemps. En plus, il n'a pas très faim. Les soupers* de famille se sont multipliés pendant les fêtes, et l'estomac du sujet commence à montrer des signes de fatigue. Il menace même de faire la grève si la situation ne se calme pas dans les plus brefs délais.

JOUR 6 :

Le sujet a l'impression de dormir dans une boulangerie tellement il y a de miettes de croissants dans ses draps.

JOUR 7 :

Le sujet commence à faire des escarres. Il doit mettre un terme à tout ça.

* **Souper** – Repas du soir.

CHAPITRE 1

Une semaine. J'ai tenu bon une semaine. Après, j'ai mis mon réveil au petit matin pour être certaine de me lever avant ma mère. Je lui ai servi les pires excuses: «Je n'étais plus fatiguée, maman.» N'importe quoi! «J'avais envie d'aller faire une promenade avec Fripouille.» Pfft! «Le camion de déneigement m'a réveillée.» Oups! Il n'a même pas neigé! «Je veux me mettre en forme.» Jamais dans cent ans!

Pas très reposant, comme vacances, me direz-vous? Je suis bien d'accord! Si l'histoire de mon congé de fin d'année était portée au grand écran, le film s'intitulerait: *Le merveilleux monde de maman velcro*.

Voilà pourquoi je suis revenue plus tôt à la résidence. Pour me relaxer. Respirer. Dormir. M'écouter penser. Et en ce moment, mes réflexions sont dirigées vers le journal étudiant (encore, je sais!). Le numéro que j'ai commencé à rédiger hier soir est plutôt bon. Il parle de la vie de couple. Il y a longtemps que j'ai promis aux lecteurs une édition spéciale sur le sujet, mais j'ai reçu tellement de témoignages que je n'ai pas réussi à le finir avant les fêtes.

Je suis bien avancée dans ma rédaction, mais je n'arrive pas à terminer mon intro. Et je sais pourquoi. L'idée d'Annabelle me trotte dans la tête. L'idéal, ce serait que je garde mon numéro sur les couples pour plus tard et que je profite du changement d'année pour aborder le thème des résolutions. Je ne me sens pas particulièrement concernée par cette tradition bien ancrée, mais je sais que la plupart des élèves se sentiront interpellés par ce sujet.

En fait, plus le temps passe, plus je me dis que je ne peux pas passer à côté de cette édition spéciale sur les résolutions. C'est parti ! Je branche mon cellulaire* pour le recharger, j'allume mon ordinateur et je me mets au travail. Si je m'applique (et que je ne passe pas mon temps à recevoir des messages de mes amis), je peux terminer avant la fin de la journée.

Roméo : Es-tu là, Morgane ?

Moi : Fidèle au poste !

Roméo : J'ai un truc important à te dire. Tu vas Ca. Po. Ter !

Hi ! Hi !

Moi : J'adore les trucs importants ! Surtout ceux qui font Ca. Po. Ter !

* **Cellulaire/Cell** – Téléphone portable.

CHAPITRE 1

Roméo : Es-tu assise ? Sinon, trouve-toi tout de suite une chaise. Ça diminue les risques de commotion cérébrale en cas de perte de conscience.

Eddy : *Shoot**, Roméo ! On ne va pas passer la journée là-dessus !

Moi : Hé ! Salut, Ed ! 🙂 Tu connais la nouvelle toi aussi ?

Eddy : Moi ? *Of course, not !* Je suis juste le chum ** de Roméo, après tout ! Pourquoi se sentirait-il obligé de me tenir au courant des trucs importants ? 😠

Roméo : Arrête de faire le bébé, Eddy !

Roméo : Je voulais garder la surprise pour Morgane, c'est tout ! En plus, ça m'étonnerait que ça t'intéresse.

Eddy : J'ai dit *shoot* !

Roméo : OK. Prête, Morgane ? C'est parti !

* ***Shoot !*** – Vas-y, accouche !
** **Chum** – Petit ami, amoureux, copain.

Roméo : *La petite rive* cherche des stagiaires pour l'été.

Roméo : C'est l'occasion !

OK. Je dois avouer que je suis un peu perdue. *La petite rive* ? C'est quoi, ce truc ? Je m'attendais à une révélation-choc du genre : tu viens d'être sélectionnée pour faire partie d'un voyage humanitaire en Afrique, ou alors : *Le Huffington Post* est tellement impressionné par le *No Name* qu'il veut t'engager pour écrire des articles qui seront publiés en ligne. Mais *La petite rive,* ça fait… disons… un peu moins *big*…

Roméo : Tu ne réponds pas, Mo ?

Eddy : C'est parce qu'elle n'a rien à dire, *of course !* Tu parles d'une grande nouvelle ! Un poste de stagiaire dans un journal minable. Pfft ! Belle façon de créer de faux espoirs ! Quoique... Tu es plutôt bon, là-dedans, d'habitude.

Roméo : De quoi tu parles ?

Eddy : Tu m'avais promis une soirée juste tous les deux pendant les vacances. *Still waiting !**

Roméo : Tu reviens encore là-dessus ? Sérieux, Ed, décroche ! Je ne pouvais pas savoir que mes parents m'emmèneraient au ski.

Eddy : Tu aurais pu m'inviter !

Roméo : Tu ne fais même pas de ski !

Eddy : *So what ?***

Hi ! Hi ! Hi !

Roméo : Qu'est-ce que tu aurais fait ? Tu aurais suivi des cours ?

Eddy : Es-tu fou ? Je serais resté dans le chalet à boire du chocolat chaud.

Roméo : Et moi, pendant ce temps-là, je me serais senti coupable de m'amuser alors que tu m'attendais tout seul dans ton coin ? Non, merci !

---

* ***Still waiting !*** – J'attends toujours !
** ***So what ?*** – Et alors ?

Eddy : Au moins, on aurait pu se voir un peu.

Moi : Hé ! Ça suffit, vous deux. Vous réglerez vos petites disputes en privé !

Moi : C'est quoi, *La petite rive*, Roméo ?

Roméo : C'est le journal de la ville.

Eddy : Du village, tu veux dire.

Roméo : Ils cherchent des étudiants pour travailler avec eux pendant l'été. Je me suis dit que ça pourrait t'intéresser.

Moi : Bof.

Roméo : Comment ça, bof ? C'est une super chance !

Moi : C'est tout mini, par ici. Je ne vois pas ce qu'il y a de si intéressant à raconter.

Roméo : Justement ! Il n'y a plus RIEN à raconter depuis des années !

Roméo : Personne ne s'intéresse à la vie « trépidante » de Chat-Chat, le chihuahua du maire.

Roméo : Tout le monde se fiche de l'importance d'utiliser des serviettes de table recyclées dans les restaurants du coin.

Moi : Quoi ? Comment ça, tout le monde s'en fiche ? Ce genre de pratique, au sein d'une communauté, peut faire toute une différence sur l'empreinte écologique de la planète.

Roméo : Tu comprends ce que je veux dire, Morgane. Le journal a besoin de sang neuf.

Roméo : C'est le moment de te démarquer. De trouver LE sujet qui fera parler de toi.

Moi : Oui, je vois où tu veux en venir. J'avoue que c'est intéressant, mais pour être honnête, j'avais des plans plus ambitieux pour l'été.

Roméo : Je sais, mais je ne vois pas comment tu pourras te trouver un emploi dans le *New York Times* à ton âge.

Moi : Pourquoi pas ?

Roméo : Tu sais qu'il faudrait que tu ailles à New York, pour ça ? Et parler anglais ? Je ne veux pas gâcher ton enthousiasme, mais tu n'es pas tellement bonne en anglais.

Moi : Hé ! Ce n'est pas très gentil !

Eddy : *Roméo is right.* Tu es hyper nulle en anglais.

Moi : Bon ! Tu es de son côté, maintenant ?

Eddy : C'est mon chum. Solidarité oblige. ☺

Roméo : Merci, Ed !

Hi ! Hi ! Hi !

Eddy : *You're welcome !**

Moi : Bon, on dirait que ça va mieux, vous deux. ♥

Moi : Je vous laisse, les amoureux. Je vais prendre le temps de penser à tout ça.

Moi : Merci pour les infos, Roméo.

Roméo : Pas de quoi. Je t'envoie le lien, tu n'auras qu'à remplir le formulaire en ligne si ça t'intéresse.

Moi : 👍

Bye !

* ***You're welcome !*** – De rien !

J'ai à peine le temps d'ouvrir le lien envoyé par Roméo qu'un autre message me parvient. Oh ! C'est Thomas ! Enfin !

Heureusement qu'il ne peut pas me voir !

Pour rien au monde je ne voudrais qu'il aperçoive mon grand sourire et mes yeux plus brillants que toutes les étoiles réunies. Je me laisse tomber sur mon lit et j'attends quelques secondes avant de répondre. Quoi ? Je ne veux pas avoir l'air trop pressée (ni trop désespérée).

CHAPITRE 2

Les deux pieds sur terre

CHAPITRE 2

Tom : Salut, Morgane. Je suis de retour !

Moi : Hé ! Bienvenue au pays, grand voyageur !

Tom : Merci ! Je te dérange ?

Moi : Absolument pas !

Moi : Alors ? Je veux tout savoir.

Moi : Est-ce qu'il a fait beau ?

Moi : Est-ce qu'il a fait chaud ?

Moi : Est-ce que la plage était belle ?

Moi : As-tu bien mangé ?

Moi : As-tu bien dormi ?

Moi : As-tu rencontré des tas de belles filles ? LOL !

Tom : Tu t'es entraînée pour un marathon de textos pendant mon absence ou quoi ? Tu écris plus vite que l'éclair !

Tom : Laisse-moi le temps de répondre ! Alors voilà...

Tom : Oui.

Tom : Oui.

Tom : Vraiment !

Tom : Correct.

Tom : Un peu trop.

Tom : Oui.

Moi : Oups ! Je crois que mes yeux me jouent des tours. As-tu bien répondu oui à ma dernière question ?

Tom : Exactement ! ☺
J'ai même été juge en chef
lors du concours *Miss bikini*.

GRRR !

Moi : Euh... Pourquoi tu me racontes ça ?

Tom : C'était génial ! La gagnante avait un maillot tellement petit qu'on avait du mal à voir la couleur du tissu.

Moi : Arrête, Tom !

Tom : Je lui ai moi-même remis son prix. Je ne te dis pas la soirée qu'on a passée après !

Là, j'avoue que je suis perplexe. Et un peu insultée. Pourquoi Thomas me donne-t-il ce genre de détails ? Pour me provoquer ? Me blesser ? Me faire passer un message ? C'est le genre de chose qu'on raconte à ses potes, pas à la fille qu'on veut séduire. À moins que…

Moi : Tu n'as pas mis longtemps à me remplacer, dis donc !

Tom : Te remplacer ? Comment ça, te remplacer ? Lisa-Lou n'est pas ma blonde. Et toi non plus, d'ailleurs.

OUCH !
ÇA FAIT MAL, ÇA !

En effet. Une claque en pleine face aurait été moins douloureuse. Je m'accorde quelques secondes pour reprendre mes esprits et je tape, les lèvres pincées :

Moi : C'est vrai, je ne suis pas ta blonde. Mais il n'y a pas si longtemps, c'était ce que tu voulais, non ?

Moi : Aurais-tu changé d'idée ?

Tom : Je ne suis pas sûr. Peut-être. On verra.

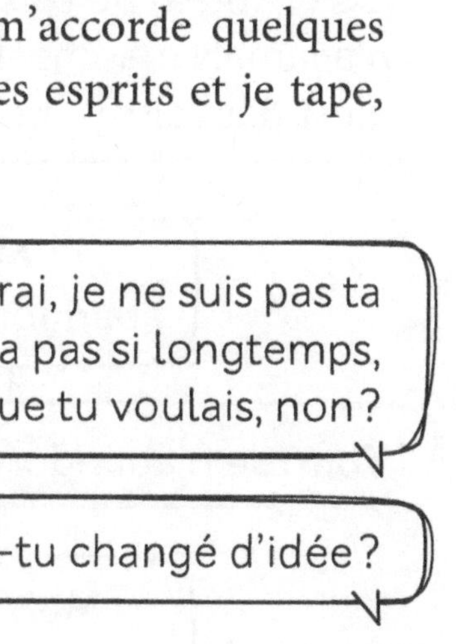

Mon cœur se serre. Je ne vois pas pourquoi je suis surprise, j'aurais dû m'y attendre. Thomas ne m'a pas habituée à mieux depuis qu'on se connaît. Le problème, c'est que je finis toujours par lui donner une chance de se racheter – et de me prouver qu'il n'est pas le crétin fini que je m'imagine – et que lui, il finit toujours par me décevoir.

Moi : Comment ça, on verra ?

Tom : Ça devient compliqué, nous deux, tu ne trouves pas ? On a essayé plein de fois de se voir et ça n'a jamais marché. Peut-être qu'on n'est pas faits pour être ensemble.

Moi : C'est bien toi, ça ! Prêt à abandonner à la moindre difficulté.

Tom : Je n'abandonne pas !

Moi : Ah non ? Tu te défiles avant même d'avoir vraiment essayé. Dans mon monde, ce n'est pas une grande preuve de persévérance.

Tom : Arrête d'être aussi dramatique, Mo.

Moi : Je ne suis pas dramatique, je suis réaliste.

Moi : Comprends-moi bien, tu as tout à fait le droit de passer à autre chose. C'est ta vie, après tout. Mais ne viens pas me voir dans une semaine pour me supplier de te donner une chance.

Tom : OK. Peut-être qu'on peut essayer encore une fois, si tu insistes.

Moi : Si j'insiste ? Wow ! Tu as envie de me voir, c'est effrayant ! Oublie ça, Thomas ! Tu m'as assez fait perdre mon temps !

Je ne lis pas sa réponse. J'éteins mon cell et lâche un cri de rage. Si je ne me retenais pas, je lancerais mon téléphone de toutes mes forces sur le mur de ma chambre. Ça me ferait tellement du bien de le voir éclater en mille morceaux ! Mais je dois me rendre à l'évidence : cette pure sensation de bien-être serait vite remplacée par un sentiment de culpabilité incontrôlable. Mon compte en banque n'est pas très garni. Je n'ai donc pas les moyens de m'acheter un autre téléphone, encore moins de faire réparer un trou dans le mur de notre chambre, à Anna et moi.

Je me lève d'un bond et marche d'un pas rapide en direction de la salle de bain. Puis, je reviens sur mes pas. Je n'ai pas besoin d'aller aux toilettes, j'ai seulement besoin de bouger. De laisser sortir les gros mots qui franchissent mes lèvres. Je secoue mes mains pour évacuer ma frustration et je tourne en rond pendant de longues minutes, multipliant les allers-retours. Comme la chambre n'est pas tellement grande, ça se résume à : lit, commode, salle de bain, commode, lit, commode, salle de bain, et ainsi de suite, jusqu'à ce que mes nerfs se calment un peu (et que le tapis commence à présenter des signes d'usure excessive).

Thomas a le don de m'exaspérer ! Je ne vois pas pourquoi je m'acharne à vouloir faire quelque chose de lui : il représente la cause la plus désespérée de tous les temps ! Sauf que mon cœur et ma tête ne sont pas du même avis en ce qui le concerne. Ma tête me répète sans cesse que ce gars-là n'est pas fait pour moi, qu'on n'a aucun avenir ensemble, qu'on est beaucoup trop différents, alors que mon cœur fond littéralement quand je pense à lui. Je sais ! Ce n'est pas rationnel. Mais ce n'est pas contrôlable non plus.

Si je pouvais me débarrasser de mes sentiments contradictoires, les rouler en petite boule et les lancer à l'autre bout du monde, je le ferais sur-le-champ. Et là, je pourrais dire : bon débarras, Thomas ! Mais ça ne fonctionne pas ainsi. Mes émotions sont bien ancrées à l'intérieur de moi. Elles se sont installées de façon sournoise, sans me demander mon avis, sans prendre en considération la liste infinie de principes, de valeurs et de règles qui me tiennent à cœur.

Découragée (et loin d'être complètement remise de mon échange de textos), je choisis de me défouler sur la première chose qui me vient en tête : Le *No Name*. Quand je me plonge dans la rédaction d'un texte, j'oublie le monde qui m'entoure. Et en ce moment, rien ne me ferait plus de bien qu'oublier Thomas, alors *exit* le numéro spécial sur la vie de couple ! Je me lance dans les grandes résolutions.

En plus, j'ai eu la bonne idée de demander à mes collègues de me fournir quelques articles avant les vacances, alors j'ai tout ce qu'il faut pour préparer un numéro du tonnerre. C'est parti ! Je me sens déjà mieux.

Le *No Name* !

Bonne année, grand nez !
Pareillement, grandes dents !

Je ne sais pas d'où provient cette expression, mais je la trouve drôle. Ce n'est qu'une des multiples façons de souhaiter bonne année aux gens qu'on aime. Et puisqu'on vous aime fort (et que vous n'avez pas tous un grand nez, heureusement), l'équipe du *No Name* a eu envie de commencer la nouvelle année en vous présentant les citations qui inspirent chacun d'entre nous.

Morgane :

« Nous réalisons que ce que nous accomplissons n'est qu'une goutte dans l'océan. Mais si cette goutte n'existait pas dans l'océan, elle manquerait. »

Mère Teresa

Eddy :

« Être un homme, c'est sentir, en posant sa pierre, que l'on contribue à bâtir le monde. »

Antoine de Saint-Exupéry

Annabelle :

« J'ai décidé d'être heureux parce que c'est bon pour la santé. »

Voltaire

Thomas :

« Meilleurs vœux pour toute la vie, comme ça, c'est fait une fois pour toutes. »

Philippe Geluck

Ces belles citations (je n'inclus pas celle de Thomas, désolée !) m'amènent à vous entretenir d'un sujet de la plus haute importance : **les résolutions !**

Personnellement, je ne suis pas trop en faveur des résolutions et je me demande pourquoi nous y sommes à ce point attachés. On arrive très bien à vivre sans elles onze mois par année. Pourquoi s'entête-t-on à vouloir remettre le compteur à zéro chaque fois qu'on voit janvier se pointer le bout du nez ? En plus, la moitié des gens prennent des résolutions tout à fait ridicules. Pour le prouver, j'ai effectué une petite recherche afin de regrouper les résolutions les plus populaires chez les jeunes de moins de dix-huit ans (impossible de citer mes sources, puisqu'elles sont loin d'être fiables).

1. **Me faire un chum / me faire une blonde ;**

2. **Faire la fête plus souvent et plus longtemps ;**
3. **Dormir plus souvent et plus longtemps ;**

4. **Embrasser plus souvent et plus longtemps ;**
5. **Perdre du poids.**

Un peu décourageant, vous ne trouvez pas ? Est-ce là tout ce que la jeunesse d'aujourd'hui a à proposer ? Dormir, s'embrasser et faire la fête ? Suis-je la seule à être peu impressionnée ? La seule à me poser des questions ? Il y a tant de belles choses à accomplir dans ce monde ! Pourquoi se concentrer sur sa petite personne sans se soucier des autres ? Aucun d'entre vous ne souhaite devenir un meilleur être humain ?

Sauver la planète ? Faire un peu de bien dans son entourage ? Sourire plus souvent ? Rire plus souvent ? Être plus heureux, tout simplement ?

Oui, être plus heureux ! Voilà ce qu'on devrait tous souhaiter. Et vous savez quoi ? Je me lance ! Je vais essayer d'être plus heureuse. Je vais mettre de côté tout ce qui me rend de mauvaise humeur, juste pour faire le test. Je n'ai qu'une vie à vivre, alors aussi bien la rendre la plus agréable possible, vous ne pensez pas ? Ça commence maintenant !

Je vous laisse avec l'horoscope du Nouvel An selon Anna, les nouveautés littéraires avec Eddy et le bilan de nos équipes sportives présenté par Thomas.

Bonne année !

★ Horoscope ★

La nouvelle année sera caractérisée, pour la plupart des signes du zodiaque, par le changement, les rencontres, l'aventure et les défis.

Les Lions et les Gémeaux seront les grands privilégiés des prochains mois, puisqu'ils vivront la plus belle histoire d'amour de leur vie. Un amour intense, passionné, riche en émotions. Soyez prudents, toutefois, parce que l'arrivée d'un Scorpion pourrait compliquer les choses. Trahison ? Mensonges ? Mon conseil est le suivant : gardez l'œil ouvert.

Les Sagittaires éprouveront quelques difficultés en amour, mais se sentiront bien entourés par leurs amis. Les Gémeaux vivront une grande déception en milieu d'année. Les Balances devront faire un choix important au cours des prochaines semaines, et les Taureaux recevront bientôt des nouvelles d'une personne qui leur est chère.

Voici votre horoscope des douze mois à venir.

Capricorne

C'est parfait ! Je suis prête à l'imprimer !

Et surtout, je suis prête à tout faire pour maintenir ma résolution.

RÉSOLUTION : <u>ÊTRE HEUREUSE.</u>

Moi + Thomas = colère, déceptions, frustrations

Moi - Thomas = BONHEUR

L'équation est simple. Je dois trouver le moyen de sortir Thomas de ma vie.

CHAPITRE 3

Pas facile à construire, la Grande Muraille de Chine !

CHAPITRE 3

ALLÔ!

Maman : Morgane ? Es-tu levée ?

Maman : Morgane ?

Maman : Tu vas être en retard à tes cours, ma colombe.

Maman : Réponds-moi, s'il te plaît.

Moi : Je suis là, maman. Qu'est-ce qu'il y a ?

Maman : Pourquoi as-tu mis si longtemps à me répondre ? Es-tu malade ?

Moi : Ne t'inquiète pas, je vais bien.

Maman : Je t'ai trouvée un peu pâle la dernière fois que je t'ai vue. Es-tu sûre que tu ne couves pas quelque chose ? As-tu besoin de moi ? Je peux te préparer une bonne soupe aux légumes si tu veux. Ça prend deux minutes !

Moi : Relaxe, maman. Je ne suis pas malade, j'étais sous la douche.

Maman : Je pensais t'acheter des vitamines, aussi. Ça ne te ferait pas de tort un petit *boost* d'énergie.

Maman : Il n'y a pas beaucoup de soleil ces temps-ci.

Maman : Le manque de luminosité peut engendrer de la fatigue chronique et conduire à un état dépressif.

Moi : Arrête ça, maman ! Je vais bien, j'ai dit !

Maman : Tu n'es pas au meilleur de ta forme, je le sais. Une mère sent ces choses-là. Même à distance.

Bout de luzerne ! Elle m'exaspère, mais elle a raison. Je ne suis pas au top. Je n'ai presque pas dormi ces deux derniers jours. J'ai à peine mangé, je ne suis pas sortie, je n'ai parlé à personne d'autre qu'à Anna et je n'ai fait aucun exercice (quoique ça, ce n'est pas nouveau).

Mais la dépression saisonnière n'y est pour rien. C'est Thomas, le grand responsable. Il ne m'a pas écrit une seule fois depuis notre dernier échange de textos. Et je ne lui ai pas écrit non plus ; j'étais trop en colère. Je ne sais pas trop comment je vais réagir en le croisant, tout à l'heure. Je crois que je vais me contenter de le saluer de la main. Oui, c'est ce que je vais faire. Ce n'est pas comme si on avait des tas de choses à se dire.

En attendant, je dois rassurer maman sur mon état de santé. J'enfile un pantalon en vitesse et fouille dans les tiroirs de ma commode pour trouver le pull de laine que j'ai reçu en cadeau à Noël. Le voilà ! Oh ! je l'adore ! Il est trop confortable ! Je reprends mon cell et réponds à ma mère.

Moi : Arrête de t'en faire, OK ?

Moi : Santé physique = 100 % !

Moi : Santé mentale = 100 % !

Maman : Appelle-moi s'il y a quoi que ce soit, d'accord ? C'est très facile pour moi de venir te voir. Une petite heure de route et je suis là.

Soudain, je comprends. Un sourire se plaque sur mes lèvres et je tape un message, vaguement découragée (mais quand même un peu émue).

Moi : Moi aussi, je m'ennuie de toi, tu sais. 😉

Maman : Oh ! C'est si évident que je m'ennuie ?

Moi : Trente-cinq messages en deux jours, ça ne trompe pas. 😉

Maman : Oups ! Désolée, ma colombe. Je ne voulais pas être envahissante.

Moi : Je sais.

Maman : J'étais tellement contente de t'avoir près de moi pendant les fêtes ! 🙂

Moi : Je sais.

J♥TDR

Maman : Je t'aime plus que tout, ma petite chérie. C'est très difficile pour moi de te savoir si loin.

Moi : Je sais.

Maman : Je ne m'habitue pas à ton absence. La maison est tellement vide, sans toi !

Maman : Oh ! Je recommence, c'est ça ?

Maman : J'en fais un peu trop ?

Maman : Je suis encore envahissante ?

Moi : Ça va, ne t'en fais pas. Je comprends.

Moi : Mais je dois y aller, maintenant. Les cours vont bientôt commencer.

Maman : OK. Bon retour en classe. Porte-toi bien ! xxx

Moi : ♥

Bye !

Anna m'observe en silence, les bras croisés, les yeux rieurs. J'aime bien quand elle porte son béret rouge, ça lui donne un petit air coquin.

— C'était ta mère ? demande-t-elle, un sourire en coin.

— Ouaip !

— Encore ?

— Ouaip !

— Qu'est-ce qu'elle voulait, cette fois-ci ?

— Elle avait seulement besoin d'être rassurée, dis-je en glissant mon téléphone dans la poche de mon jeans. Maintenant que c'est fait, je vais nous préparer un déjeuner extravitaminé, ajouté-je en ouvrant la porte de notre petit frigo. Maman a raison sur un point : l'hiver est dur pour le système ! On doit mettre toutes les chances de notre côté si on veut passer à travers sans trop de dommages. *Smoothie* ?

— Non, merci, grogne Anna en me tournant le dos. Tu sais bien que je déteste tes jus aux graines de pelouse.

J'observe mon amie, étonnée.

— C'est de la luzerne, Anna. Pas de la pelouse.

— En ce qui me concerne, c'est du pareil au même, lâche-t-elle en se penchant vers le miroir de sa commode pour appliquer un peu de mascara sur ses cils.

— Pas du tout ! Attends, je vais te montrer !

Je prends un pot de verre qui repose sur ma table de nuit et le lève en direction d'Anna afin qu'elle puisse bien le voir.

— Regarde ! dis-je, émerveillée. J'ai reçu un contenant à germination à Noël. Tu vois, les petites pousses, à l'intérieur ? Je les ai fait germer moi-même ! Elles sont tellement fraîches qu'elles fondent dans la bouche. Et tu sais quoi ? J'ai obtenu tout ceci en seulement trois jours ! Vas-y ! Goûte !

Je retire le couvercle du contenant et l'agite sous le nez d'Anna. Mon amie roule les yeux, prend une petite pincée de luzerne avec le pouce et l'index (en pinçant le nez pour me montrer à quel point c'est dégueu), et la porte à sa bouche.

— Argh ! grommelle-t-elle avec dégoût. Ça a une texture de poils de chat !

— Tu exagères !

— Pas du tout. Désolée, Morgane, mais j'aimerais mieux fouiller dans les déchets d'un restaurant chinois en plein jour de canicule que d'avaler ça, dit-elle en crachant le tout dans la poubelle. Je vais manger à la cafétéria.

— Tu fais comme tu veux, dis-je en prenant une bouchée à mon tour. Libre à toi de te remplir l'estomac de céréales sucrées, de jus d'orange bourré d'agents de conservation et de confitures remplies de colorant. Sache toutefois que la luzerne est riche en saponine et en antioxydants.

— Mais oui, c'est ça ! On en reparlera dans dix ans, quand ils auront découvert que ta fameuse sapine est cancérigène.

— On dit saponine !

Mon amie agite la main comme pour dire « on s'en fiche ! » et jette son sac sur son épaule. Pendant ce temps, j'ajoute quelques points à mon argumentation :

— Tu ne fais pas des choix santé, Anna ! Ne viens pas te plaindre si tu manques d'énergie à la fin de la journée.

— J'y vais ! annonce-t-elle sans m'écouter. Et change-toi, tu as un look affreux !

Je jette un œil à mon nouveau pull de laine ultra-confo et réplique aussitôt :

— Quoi ? Tu n'aimes pas les feux de foyer ?

— Quand ils sont réels, oui, mais sur ton ventre, c'est non !

J'appuie sur un bouton caché à l'intérieur de ma manche et des flammes s'allument aussitôt. Hi ! Hi ! Je suis assez fière de mon effet. Anna me regarde comme si je m'étais évadée d'un hôpital psychiatrique et pointe un doigt dans ma direction à la manière d'une maîtresse d'école.

— Enlève ça tout de suite ! articule-t-elle, l'air sévère. Pas question que tu te promènes dans l'école avec ça sur le dos, c'est clair ? On se voit au local du journal avant le début des cours.

— Au local du journ…, dis-je en avalant de travers. Tuf ! Tuf !

Anna disparaît en refermant la porte derrière elle. J'aurais pu mourir juste là, étouffée par ma propre salive, et elle n'aurait rien remarqué ! Je reprends mon souffle en douceur et me laisse tomber sur mon lit, les yeux fermés.

Bout de luzerne ! Comment ai-je pu oublier la réunion du journal ? Ça change mes plans, ça ! Ça change vraiment mes plans ! J'avais pourtant prévu tous les détails de ma journée anti-Thomas à la minute près.

JOURNÉE ANTI-THOMAS

1. Je reste cloîtrée dans ma chambre jusqu'à ce que la première cloche se fasse entendre.

2. Je longe les murs, je rampe au sol, je fais deux ou trois pirouettes et j'emprunte les meilleurs raccourcis pour me rendre à mon cours sans croiser Thomas. Une vraie pro du camouflage !

3. Entre les cours, je me colle aux élèves de première secondaire* pour circuler dans l'école (en prenant soin de me pencher un peu parce qu'ils ont une tête de moins que moi). Thomas ne pensera jamais à me chercher parmi eux.

* **Secondaire** – Au Québec, on fréquente l'école secondaire pendant cinq ans (de la première à la cinquième) de 13 à 17 ans.

(4.) À l'heure du midi, j'en profite pour rendre visite au sympathique banc de bois couvert de graffitis dans le vestiaire des filles. Il est toujours là quand j'éprouve le besoin de fuir une situation embarrassante. Un vrai ami.

(5.) Finalement, je me change, je prends une grande respiration et je me rends dans le gymnase pour mon cours d'éduc, en espérant que Thomas ne remarquera pas ma présence. Si c'est le cas, je lance une bombe puante pour faire diversion.

Vous voyez? Mon plan était simple! La réunion du *No Name* vient tout gâcher!

TU SAIS QUE
TU NE POURRAS PAS ÉVITER
THOMAS ÉTERNELLEMENT,
MORGANE ?

Oui, je sais, je dois me faire à l'idée. (En plus, je n'ai toujours pas trouvé de bombe puante, alors ça complique un peu les choses.)

Mon estomac est douloureux, tout à coup. Que vais-je dire à Thomas quand je vais me retrouver dans la même pièce que lui ? Et lui ? Comment va-t-il réagir ? Va-t-il m'ignorer ? Faire comme s'il ne s'était rien passé ? Se moquer de moi ?

VOYONS, MORGANE !
THOMAS EST TON AMI.
POURQUOI CHERCHERAIT-IL
À TE RIDICULISER ?

Je ne sais pas. En tout cas, ça me met un peu à l'envers.

CHAPITRE 3

Je prends quelques gorgées de mon *smoothie* « super vitalité » (ouf ! ce n'est pas mon plus réussi !), me brosse les dents vigoureusement (cet affreux goût d'ail cru refuse de s'en aller !) et me précipite hors de ma chambre, mon sac à l'épaule (sans changer de pull, évidemment).

Il est encore tôt, alors je serai sûrement la première arrivée au local du journal. C'est parfait, ça me laissera le temps de préparer la réunion. Tout en accélérant le pas, je prends un chewing-gum à la cannelle, le mâche trois fois, le jette dans la première poubelle en vue et en prends un autre. Je souffle dans ma main et grimace malgré moi. Ouf ! Ce n'est pas beaucoup mieux ! Mon haleine d'ail pourrait éliminer tous les vampires de ce monde en une fraction de seconde. Un petit soupir et hop ! c'est l'extermination complète ! Alors ? Où êtes-vous, petits vampires ? Vous avez peur de moi, hein ? C'est bien ce que je pensais.

Je prends deux autres chewing-gums (j'ai des joues d'écureuil) et les mâche avec vigueur, question d'en libérer toute la saveur. Puis, je prends mon téléphone et envoie un texto à Yanie et à Louba en essayant de ne pas percuter les quelques élèves qui circulent dans les corridors.

Moi : Salut, les filles ! En forme ?

Yanie : Comment veux-tu que je sois en forme ? Mon corps s'est habitué à faire la grasse matinée pendant les vacances. J'ai eu toutes les peines du monde à me lever ce matin.

Louba : Yanie a d'énormes poches sous les yeux. Elle fait peur à voir.

Yanie : Je te remercie !

Moi : Je veux voir ça. ☺

Yanie : Pas question !

Louba : Attends. Je t'envoie une photo.

Pendant que la photo se télécharge (la connexion n'est pas toujours très rapide dans l'école), je lève la tête, salue une fille de mon cours de math d'un mouvement de la main et emprunte le couloir qui mène au local du journal. Je pose à nouveau les yeux sur mon cell pour découvrir un portrait repoussant de mon amie.

Moi : Oh ! Désolée, Yanie, mais ce n'est pas ton meilleur profil.

Louba : C'est encore pire en vrai, crois-moi !

Moi : On peut voir les traces de ton oreiller sur ta joue gauche !

Louba : C'est fou, hein ? Le pire, c'est qu'elle a encore un peu de bave séchée sur le bord de la bouche.

Yanie : Hé ! Vous avez fini ? Je n'ai pas assez dormi, c'est tout ! On ne va pas en parler toute la journée !

Moi : Tu devrais te coucher un peu plus tôt. Les bonnes habitudes de sommeil, c'est un gage de santé globale.

Yanie : Ben oui ! Regarde qui parle ! Madame « je me couche à des heures impossibles ! »

MDR

Moi : Je te ferai remarquer que je n'ai pas de trace de mon oreiller sur la joue, moi !

Yanie : Changement de sujet.

Hi ! Hi !

Yanie : As-tu pris une décision concernant le stage, Morgane ?

Moi : Non. Je n'ai même pas lu le document encore.

Yanie : Moi, je l'ai lu. C'est super intéressant, comme projet. Je suis sûre que tu vas adorer. C'est l'occasion, Mo ! Tu as toujours rêvé de travailler dans un journal !

Moi : Dans un grand quotidien, oui ! Pas dans un journal local.

Yanie : Il faut bien commencer quelque part.

Moi : Je sais. En même temps, j'ai envie de passer l'été chez moi.

Louba : Euh, attends ! Tu passerais l'été où ?

Yanie : Sûrement à la résidence, Louba.

Moi : Non, la résidence ferme en même temps que l'école. Si je décide de rester, je vais devoir habiter chez Anna.

Louba : Ben là ! Ça change tout ! Laisse tomber le stage ; sinon, on ne se verra pas de l'été !

Hi ! Hi !

Yanie : Arrête de faire le bébé, Lou. On ne peut pas empêcher Morgane de vivre ses rêves juste parce qu'on s'ennuie d'elle. Ça serait très égoïste de notre part.

Louba : Tu parles comme ma mère !

Louba : Et tu sais quoi ? Je revendique le droit d'être égoïste, bon !

Moi : On reparlera de tout ça, les filles, d'accord ? Je dois y aller.

Louba : OK. Mais le sujet n'est pas clos.

Louba : Je vais lire le document.

Louba : Et te prouver que ce stage n'est pas pour toi.

Louba : Je vais même faire une liste de « pour » et de « contre ».

Louba : Tu vas voir, tu vas vite changer d'idée !

OMG !

Moi : Je n'ai pas encore pris de décision, Louba. Je ne vois pas comment je pourrais changer d'idée !

Yanie : C'est bon, Mo. Laisse-moi gérer ça. Elle est en mode panique, en ce moment. Ça va lui prendre un moment avant de revenir sur terre. On se reparle ?

Moi : OK. À +

Hi ! Hi ! Hi !

CHAPITRE 3

Louba : Pas question que tu passes l'été chez Annabelle.

Louba : Pas question qu'elle nous remplace en tant que BFF*.

Louba : Pas question que tu te mettes à l'aimer plus que nous.

Bye !

Louba : Pas question que...

J'éteins mon cellulaire, mi-amusée, mi-découragée.

Louba a tendance à dramatiser, mais je ne peux pas lui en vouloir pour ça. Elle a raison, on ne se voit presque plus depuis que j'ai changé d'école. Si je décide de passer l'été ici, ce sera encore pire. Je vais devoir réfléchir à tout ça à tête reposée. Pour l'instant, j'ai une réunion à préparer.

En arrivant au local du journal, je suis un peu étonnée de voir qu'il y a de la lumière sous la porte. Hum, je pensais pourtant arriver la première. Anna aurait-elle déjà fini de manger ? Possible. Étonnant, mais tout de même possible. Curieuse, je pousse la porte et me fige sur place, les muscles tendus. Ce n'est pas Anna qui est assise

* **BFF/Best** - *Best friend forever*, meilleur(e) ami(e).

derrière le bureau, un exemplaire du *No Name* à la main. C'est Thomas ! Qu'est-ce qu'il fait là, de si bonne heure ?

Au lieu d'entrer ou même de le saluer, je reste plantée là, l'épaule appuyée au montant de la porte, les poings fermés, le cœur serré.

Thomas ne lève pas tout de suite la tête. Il prend le temps de terminer sa lecture et pose finalement les yeux sur moi. Son expression est difficile à interpréter. Est-il content de me voir ? Surpris ? Indifférent ? Aucune idée. Tout ce que je sais, c'est qu'il me fixe sans ménagement, comme s'il ne m'avait pas vue depuis des semaines.

SÛREMENT PARCE QU'IL NE T'A PAS VUE DEPUIS DES SEMAINES, MORGANE !

Ah oui ! C'est vrai. De toute façon, je ne peux m'empêcher de faire pareil. Je le détaille de la tête aux pieds et constate que son teint est merveilleusement basané, que ses cheveux ont quelque peu poussé et que ses yeux sont encore plus bleus que dans mes souvenirs. Je n'ai qu'une seule envie : m'approcher de lui et lui dire à quel point il m'a manqué.

À CE POINT-LÀ ?

À ce point-là. Je sais, c'est limite pathétique.

S'ENNUYER
DE QUELQU'UN, CE N'EST PAS
PATHÉTIQUE, MORGANE.

Ça l'est si l'autre personne ne partage pas les mêmes sentiments. Thomas ne veut rien savoir, il me l'a clairement fait comprendre la dernière fois qu'on s'est texté. J'ai beau être à l'envers parce que je me retrouve dans la même pièce que lui, pas question de ramper à ses pieds comme une pauvre fille désemparée. Je suis plus forte que ça. En plus, j'ai pris une résolution (être heureuse), et je compte éloigner de moi tout ce qui se mettra en travers de mon chemin (Thomas). C'est parti ! Je jette mon chewing-gum à la poubelle et lui demande un peu sèchement :

— Qu'est-ce que tu fais là ?

Thomas ne répond pas. Il n'a pas cessé de me regarder. En fait, il me fixe si intensément que j'ai l'impression de passer aux rayons X (la jaquette verte et les fesses à l'air en moins). Les lèvres pincées, les yeux brillants, il promène son regard de haut en bas sans dire un mot, ce qui est un peu déstabilisant. J'agite une main pour le faire réagir.

— Allô ? Je te parle !

— Quoi ? fait-il en secouant la tête, comme s'il émergeait lentement d'un rêve particulièrement étrange. Tu m'as parlé ?

— Oui. Je t'ai demandé ce que tu faisais là. La réunion ne commence pas tout de suite.

— Ah ! Oui, je… Je voulais lire ce que tu avais écrit, explique-t-il en pointant mon éditorial. C'est bien. C'est très, très bien, ajoute-t-il, l'air distrait. As-tu changé tes cheveux ?

— Mes cheveux ?

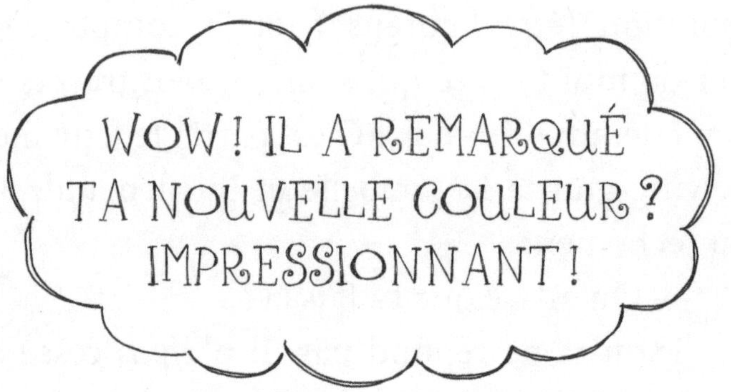

Pas tant que ça ! Je change la couleur de mes mèches environ toutes les deux semaines. Il a tenté sa chance, c'est tout ! Thomas n'a pas l'habitude d'être très observateur pour ce genre de choses. Je pourrais me promener dans l'école en tenue de plage sans qu'il le remarque.

Oui, c'est vrai.

Je baisse la tête. Mes sandales en forme de pandas sont trop géniales ! Quand je bouge mes orteils, les petits museaux s'agitent dans tous les sens, ce qui donne aux pandas un air trop mignon. Avant de recevoir ces sandales en cadeau, je ne pensais pas qu'il était possible d'atteindre un tel degré de « cutitude » avec des chaussures.

— Pourquoi tu souris ? demande Thomas, intrigué.

— Je ne souris pas.

Thomas appuie ses épaules au dossier de la chaise et ajoute, insistant :

— Bien sûr que tu souris. Tu regardes tes orteils et tu souris. C'est à cause de ta résolution ? demande-t-il en levant le *No Name* pour que je le voie bien. Ça m'étonne un peu, ce que tu as écrit. Je ne savais pas que tu étais malheureuse.

— Je ne suis pas malheureuse, dis-je en glissant mes mains dans les poches de mon jeans pour les empêcher de trembler.

— Mais tu veux être plus heureuse.

— Comme tout le monde.

— Alors, je vais t'aider, fait-il en souriant à demi.

Thomas appuie les mains sur la table devant lui et se lève en douceur, sans cesser de me regarder. Bout de luzerne qu'il est beau ! Si je m'écoutais, je foncerais sur lui et je l'embrasserais sur-le-champ (ce qui serait, j'en suis bien consciente, une très mauvaise idée).

Oh ! Qu'est-ce qu'il fait ? Pourquoi s'approche-t-il de moi ?

Je recule d'un pas et croise les bras sur mon gros pull de laine. J'imagine que j'appuie sans le savoir sur le petit bouton caché dans ma manche, parce que les flammes s'allument à nouveau. Devant moi, Thomas baisse les yeux et émet un petit rire.

— Très original, murmure-t-il en effleurant mon feu de foyer du bout des doigts. Et très romantique, aussi.

Je ne peux plus reculer, mes fesses sont appuyées sur le petit bureau derrière moi. La main de Thomas se fraye un chemin jusqu'à ma taille. Confiante. Assurée. Délicieusement brûlante.

— Qu'est-ce que tu fais ? dis-je, la bouche un peu sèche.

— Je cherche à me faire pardonner, me confie Thomas à voix basse. J'ai été stupide…

— Ce n'est pas nouveau.

Ses lèvres s'étirent à un point tel que son visage est déformé par un rictus nerveux. Thomas est si près de moi que le parfum de sa peau m'embrouille l'esprit. Une odeur fraîche, propre, légèrement sucrée, qui me donne envie de me blottir contre lui.

— Je ne m'attendais pas à ça, marmonne-t-il en approchant sa bouche de mon oreille.

— À quoi ? ai-je la force d'articuler, le corps envahi de fourmillements.

— À ressentir ça pour toi… Je croyais être passé à autre chose pendant mon voyage, mais quand tu es entrée dans la pièce, tout à l'heure, j'ai compris à quel point tu m'avais manqué. Tu es tellement belle, Morgane. Tellement vraie. Je… J'ai…

Thomas plaque son front contre le mien et glisse ses doigts le long de ma nuque. Je crois qu'il va m'embrasser… Dans un instant, nos lèvres vont faire connaissance. Elles vont se toucher, s'apprivoiser, s'aimer. Est-ce réellement ce que je veux ? Je n'en sais rien. Mon esprit est embrouillé. Je n'arrive plus à réfléchir.

De toute façon, il est trop tard. Sa bouche trouve la mienne. Thomas m'embrasse avec toute la délicatesse du monde. Je ne me sauve pas. Je ne résiste pas. Je n'en ai pas la force. J'enroule mes bras autour de son cou et il presse ses mains dans le bas de mon dos pour m'attirer davantage vers lui. Nos corps s'enlacent à la perfection. On est bien, l'un contre l'autre.

C'est un éclat de rire provenant du corridor qui nous ramène à la réalité. Enfin, qui *me* ramène à la réalité. Et cette réalité est si complexe et si cruelle que je ne peux m'empêcher de repousser gentiment Thomas.

— Laisse-moi respirer, deux secondes…

Je pivote sur mes talons, les mains sur le visage, le cœur serré. Qu'est-ce qui m'a pris de me laisser charmer si facilement ? N'ai-je donc pas de volonté ? Malgré toute l'attirance que j'éprouve pour Thomas (et croyez-moi, elle est de plus en plus grande), je sais qu'on n'est pas faits pour être ensemble. J'en ai la profonde certitude depuis le premier jour de notre rencontre, quand il a eu l'audace de m'appeler « beauté ».

Alors, quoi ? Qu'est-ce que je fais, maintenant ? Je sors avec lui, même si je sais qu'il trouvera le moyen de me blesser ? Je lui fais comprendre que ce baiser était une erreur (une délicieuse erreur, mais une erreur quand même !) ? Je ne sais plus… Je ne sais plus du tout quoi faire…

Je sens que Thomas s'impatiente dans mon dos.

— Hé, souffle-t-il en posant une main sur mon bras. Est-ce que ça va ?

Un long frisson me traverse le corps. Un frisson qui me rappelle à quel point je suis vulnérable lorsque je suis près de lui.

RESSAISIS-TOI, MORGANE !

Oui, tu as raison. Ça suffit ! Je suis plus forte que ça !

Je ne dois pas laisser Thomas m'écrabouiller le cœur comme s'il s'agissait d'une vulgaire boule de papier. Je ne suis pas un déchet. Je ne suis pas l'une de ces filles prêtes à tout pour attirer son attention non plus. J'ai ma fierté. J'ai mon honneur. Je suis grande, forte et indépendante.

BIEN DIT !

Et si je veux résister au charme de Thomas (à la douceur de ses lèvres, à la profondeur de son regard, à la beauté de son visage), je dois trouver une façon de me protéger. De me barricader. Oui, c'est bon, ça, une barricade. Je vais construire une frontière entre nous deux. Un grand mur qui l'empêchera de m'atteindre et de me blesser.

Je ferme les paupières et j'imagine une grande muraille qui s'installe entre nous. Elle est haute, elle est longue, et elle est très solide. Indestructible, même ! Comme la vraie Muraille de Chine.

Tout à coup, je me sens bien. Je me sens protégée. Je suis maintenant prête à ouvrir les yeux.

— Tout va bien, dis-je, les poings serrés.

Je lui fais de nouveau face et plonge mes yeux dans les siens. Mon visage est fermé. Mon ton est assuré quand j'ajoute :

— Ce baiser était une erreur. Ça ne se reproduira pas.

Thomas plisse le front, étonné de ma réponse. Avant qu'il n'ait le temps de répliquer, je lui explique qu'il n'a rien de bon à m'offrir et qu'à partir de maintenant, notre relation demeurera strictement professionnelle.

— Tu voulais m'aider à être heureuse ? Voilà ce que tu peux faire : reste loin de moi.

Thomas ne bronche pas. Je vois bien qu'il aimerait répliquer, mais les mots demeurent coincés dans sa gorge. Je crois qu'il n'a pas l'habitude de se faire repousser, ça doit lui causer un choc. Au moment où je m'éloigne de lui, Anna et Eddy entrent dans la pièce, bras dessus, bras dessous.

Leur présence me semble irréelle, comme s'ils venaient d'un autre monde. Ils sont beaux. Ils sont radieux. On dirait deux enfants qui gambadent dans un champ de fleurs. Bref, ils m'énervent !

— Non ? Sérieux ? demande Anna, la voix enjouée (et exagérément forte).

— *Really !** dit Eddy en passant devant moi sans me regarder. Il en avait partout ! Sur la tête, dans les cheveux, et même dans les oreilles ! C'était *insane*** !

— Oh ! Ouache !

Anna plisse le nez en signe de dégoût et Eddy éclate de rire. Aucun d'eux ne fait attention à nous. On est invisibles. Translucides. Je pourrais être en train de jouer aux quilles avec des boules de neige qu'ils ne le remarqueraient même pas. Allô ! Vous n'êtes pas seuls, dans cette pièce !

Eddy se laisse tomber sur une chaise. Anna s'assoit près de lui et plonge la main dans son sac rempli de bonbons. Pfft ! Encore du sucre et du colorant ! C'est à croire qu'Anna n'a rien compris !

* **Really !** - Vraiment !
** **Insane** - Fou.

CHAPITRE 3

TU NE TE GÊNES PAS POUR EN MANGER, D'HABITUDE.

De quoi tu te mêles, toi ?

HÉ ! CHANGE D'HUMEUR. JE NE T'AI RIEN FAIT !

Je lâche un grand soupir et me racle la gorge de façon exagérée. Mon amie me regarde enfin. Elle lève les yeux au ciel en voyant que je n'ai pas changé de pull et tourne la tête vers Thomas, qui n'a toujours pas bougé.

— *What's wrong, here ?** demande Eddy, soudainement conscient de l'ambiance plus que pesante. Vous vous êtes encore disputés ?

— Non, on ne s'est pas disputés, dis-je sèchement.

— On s'est à peine parlé, marmonne Thomas.

— *So what ?*

* ***What's wrong here ?*** – Qu'est-ce qui ne va pas ici ?

— Rien ! dis-je en me dirigeant vers la pile de journaux. La vie est belle ! Je suis heureuse ! Tout le monde est là ? Parfait ! On peut commencer la réunion.

Je lance un exemplaire du journal à Anna (oups ! un peu trop fort !), un autre à Eddy (hon ! en plein visage !) et traite rapidement les différents points à l'ordre du jour sans trop leur laisser le temps de réagir. Je suis directe, concise et efficace ! Tout le monde est attentif et personne ne conteste mes idées.

Grrr !

Voilà ! La journée peut commencer. Merci. Bonne année, tout le monde !

CHAPITRE 4

La danse du fou

CHAPITRE 4

Tom : J'aimerais bien que tu répondes à mes messages, Morgane.

Tom : Où es-tu ?

ALLÔ !

Tom : Pourquoi m'évites-tu ?

Moi : Je ne t'évite pas. On ne s'est pas croisés de la journée, c'est différent !

Tom : Comment ça, on ne s'est pas croisés de la journée ? Tu te moques de moi ? Tu t'es sauvée en courant lorsque tu m'as vu entrer dans la bibliothèque tout à l'heure !

Hein ?

Moi : J'avais une urgente envie de faire pipi.

Tom : OK. Je vais faire comme si c'était vrai.

Tom : Avoue au moins que tu m'as ignoré pendant tout le cours d'éduc !

Moi : Je ne t'ai pas ignoré.

Tom : Ah non ? Tu n'as pas regardé une seule fois dans ma direction.

Tom : Ne me dis pas que tu as mal au cou ?

Moi : C'est ça ! J'ai un torticolis. Content ?

Tom : Pas vraiment.

Tom : De toute façon, je ne te crois pas.

Moi : Qu'est-ce que tu veux, Tom ?

Tom : J'aimerais qu'on se parle. En vrai.

Moi : C'est ce qu'on a fait ce matin.

Tom : Non, justement. Tu as parlé et je t'ai écoutée. Ce n'est pas ce que j'appelle une conversation.

Tom : J'ai plein de choses à te dire, moi !

Moi : Je crois que tu m'as déjà tout dit. Désolée. Je dois y aller. Anna vient de m'écrire.

Je sais que ça a l'air d'une excuse inventée, mais c'est la vérité. Je m'assois un peu plus confortablement sur le plancher froid et réponds au message que mon amie vient de m'envoyer.

Anna : Où es-tu, Morgane ?

Moi : Tu ne veux pas le savoir.

Anna : Si je ne voulais pas le savoir, je ne te poserais pas la question.

Anna : J'attends une réponse. (Une réponse honnête.)

Moi : Je suis dans le placard.

Anna : Faux. J'ai fouillé notre chambre trois fois. Tu n'y es pas.

Moi : Je n'ai jamais dit que j'étais dans notre chambre.

Moi : Je suis assise dans le placard à jeux de société, dans la salle de repos.

Anna : Qu'est-ce que tu fais là ? Pourquoi tu ne rentres pas ? Tu ne vas quand même pas passer la nuit avec un jeu de Monopoly, des araignées et des chauves-souris.

Moi : Il n'y a pas de chauves-souris. Seulement des araignées.

Moi : Et ça me permet de penser à autre chose qu'à mon comportement de ce matin. Désolée, Anna. Je pense que j'ai été un peu trop directive.

Anna : Un peu trop directive ? Tu as parlé toute seule pendant toute la réunion sans nous demander une seule fois notre avis !

Eddy : Tu nous as même lancé des trucs à la tête !

Moi : Hé ! Qu'est-ce que tu fais là, toi ? C'est une conversation privée !

Eddy : *Not at all !* C'est notre conversation de groupe, au cas où tu ne l'aurais pas remarqué !

Moi : Tu aurais pu me prévenir, Anna ! J'étais sur le point de divulguer des informations ultra-confidentielles !

Eddy : *Like what ?* La liste des raisons qui font que tu as une humeur massacrante ?

Anna : Encore mieux : la liste des raisons qui font que tu as une haleine infecte ?

Moi : Hé ! Ça suffit, vous deux ! Mon haleine est revenue à la normale, je vous ferai remarquer. Je ne mettrai plus d'ail cru dans mes *smoothies*, c'est promis.

Anna : Je te remercie !

Eddy : La planète te remercie !

Anna : Maintenant que la question est réglée, vas-tu nous expliquer ce qui ne va pas ?

Moi : Pas devant Eddy.

Eddy : *Why not ?* Je peux être de très bon conseil quand je veux.

Roméo : Moi aussi !

Moi : Bon, en voilà un autre ! Pas moyen de discuter en privé ?

Roméo : Tu n'es pas au bon endroit si tu veux de la discrétion. Alors ? Qu'est-ce qui ne va pas avec Thomas ?

Moi : Qui te dit que je suis de mauvaise humeur à cause de Thomas ?

Moi : De toute façon, je n'ai pas envie de parler de lui. J'ai décidé de le sortir de ma vie, un point c'est tout !

Roméo : Quoi ? Tu vas quitter le journal ?

Moi : Bien sûr que non ! Il peut très bien m'envoyer ses textes par mail.

Eddy : Tu vas changer d'école, alors ?

Moi : Ce n'est pas dans mes intentions.

Anna : Tu vas arrêter d'aller à tes cours ?

Moi : OK. Je comprends ce que vous essayez de me dire. Je ne peux pas *vraiment* sortir Thomas de ma vie. Mais je vais tout faire pour éviter de me retrouver dans la même pièce que lui. Mieux ?

Eddy : *Not really.*

Eddy : Explique. Qu'est-ce qu'il t'a fait ?

Moi : Rien, justement. Il n'a rien fait !

Roméo : Est-ce qu'il sait que tu lui en veux à cause de ça ? Je veux dire, à cause de *rien* ?

Moi : Oh oui ! Il est au courant, crois-moi !

Eddy : *Not so sure !* Je pense que vous êtes mûrs pour une bonne conversation, tous les deux. Tu devrais accepter de lui parler.

Moi : Hé ! De quel côté êtes-vous, au juste ?

WHAT ?!

Moi : Vous enquêtez en son nom ?

Moi : Oh ! Je viens de comprendre !

Moi : Il est là, c'est ça ?

Moi : Thomas ?

Moi : Tu lis tout ce qu'on écrit depuis le début ? Tu te sers de Roméo et d'Eddy pour faire passer ton message ?

Moi : Espèce de lâche !

GRRR !

CHAPITRE 4

Tom : Je n'ai pas trop le choix ! Tu refuses de me parler !

Moi : Bye !

Décidément, on ne peut compter sur personne, de nos jours ! Eddy est un traître ! Roméo aussi ! Et peut-être même Anna, tiens ! Le monde entier conspire contre moi.

Je dois me rendre à l'évidence : je ne peux pas rester indéfiniment dans ce placard. Je suis fatiguée, je suis courbaturée, et j'ai fixé la tablette remplie de jeux tellement longtemps que je peux en dresser la liste dans l'ordre, dans le désordre, et peut-être même en russe, si je m'y mets sérieusement.

Je prends mon courage à deux mains et sors de ma cachette. Puis, je rejoins Anna dans notre chambre. Elle est déjà en pyjama, la chanceuse ! Je donnerais n'importe quoi pour être en pyjama, moi aussi. Je claque des doigts. (Clac !) Non, ça ne marche pas. Je n'ai pas de superpouvoirs qui me permettent de me changer sans faire d'efforts. Zut !

Assise à son bureau, Anna tourne la tête dans ma direction. Je crois qu'elle est en train de travailler sur sa prochaine vidéo, parce qu'il y a des rubans, des bâtonnets de colle et des retailles de papier un peu partout.

— Bon, te voilà ! lâche-t-elle en se levant, le visage soucieux. Je m'inquiétais pour toi, Morgane.

Mon amie essuie ses mains sur le pantalon de son pyjama et me serre fort dans ses bras. Un câlin, une tape sur l'épaule et un sourire d'encouragement plus tard, elle me prend par le coude et m'entraîne avec elle sur son lit. On s'y laisse tomber en même temps, faisant ainsi grincer les ressorts de son matelas.

— Maintenant, raconte !

C'est plus un ordre qu'une invitation à la confidence. Je me racle la gorge nerveusement, tout en essayant de trouver un moyen d'éviter le sujet.

— Bah… Il n'y a pas grand-chose à…

— J'ai dit raconte ! répète Anna, l'air grave. Je ne sais pas ce qui s'est passé avec Thomas, mais je n'aime pas du tout te voir dans cet état. Tu n'es pas du genre à te cacher, Morgane. Ni à lancer des trucs aux gens en leur criant des insultes. Je veux tout savoir !

Annabelle a raison. On se connaît depuis peu de temps, mais elle a déjà compris bien des choses à mon sujet. Je ne suis plus la même depuis quelques jours et j'aimerais bien retrouver la Morgane d'autrefois. J'agrippe un coussin que je serre bien fort contre mon cœur et me décide enfin à tout raconter à mon amie. Ce n'est pas facile parce que je n'ai jamais éprouvé de sentiments si complexes auparavant. J'essaie quand même.

— Tu sais, je n'ai pas beaucoup d'expérience en amour. Toutes les relations que j'ai eues jusqu'à présent se sont terminées de façon plutôt brutale. Je ne laisse personne me marcher sur les pieds. Tu n'es pas gentil avec moi ? Débarrasse le plancher ! Tu veux m'utiliser comme un trophée qu'on exhibe fièrement devant ses potes ? Débarrasse le plancher ! Tu ne me respectes pas ? Tu me mens ? Tu me fais marcher ? Tu me joues dans le dos ? Débarrasse le plancher !

— C'est tout à ton honneur, articule Anna d'un ton respectueux.

— J'imagine. Mais j'ai beaucoup de mal à faire pareil avec Thomas.

Le regard de mon amie croise le mien. Un regard en point d'interrogation.

— Pourquoi tu voudrais faire pareil avec Thomas ? me demande-t-elle, étonnée.

— Tu sais bien pourquoi, Anna. Je t'en ai déjà parlé. Thomas ne me respecte pas. Il n'est ni gentil ni attentionné. Un jour, il me dit qu'il s'intéresse à moi, et le jour suivant, il m'apprend qu'il a côtoyé des centaines de filles à moitié nues pendant son voyage.

— Des centaines, hein? fait Anna, dans un demi-sourire.

— Peut-être pas des centaines, mais je dirais des dizaines.

— Vraiment? demande mon amie, pince-sans-rire.

— Au moins une, en tout cas! Mais la question n'est pas là! Je ne pourrai jamais être heureuse avec lui. On a une vision tellement différente de la vie de couple que je ne vois pas comment on pourrait s'entendre.

— Mais tu l'aimes bien.

Bang! Droit au cœur! Anna a tout compris.

— Oui, je l'aime bien, dis-je, en colère contre moi-même. C'est bien ça le problème!

Je lance le coussin d'Anna à l'autre bout de la pièce en lâchant un grognement de mécontentement. Puis, je replie les genoux sous mon menton, la gorge nouée.

CHAPITRE 4

— Qu'est-ce qui est le plus important pour toi ? me demande Anna, la voix douce. Sortir avec Thomas ou être heureuse ?

— Être heureuse, sans hésitation ! dis-je avec conviction. Tu le sais, je l'ai écrit dans le journal. C'est ma résolution.

— Et tu comptes la mettre en application un de ces jours ? Parce que là, tu es loin d'être convaincante !

Je tourne la tête vers mon amie. Bout de luzerne ! Elle a raison ! Ça suffit, les lamentations ! Ça suffit, la déprime et les remises en question ! Il est temps que je réagisse. Quoi de mieux pour me remettre d'aplomb (et pour chasser Thomas de mes pensées) qu'une bonne vieille *danse du fou* ! Il paraît que mes parents la dansaient très souvent quand j'étais bébé. C'est un rituel qui se transmet de génération en génération et qui s'imposera, j'en suis convaincue.

Je bondis sur mes pieds et fais signe à Anna de se lever.

— Fais comme moi ! dis-je en piétinant.

— Euh… OK.

Je me mets à gigoter dans tous les sens et Anna m'imite sans trop comprendre ce qui me prend. Heureusement qu'on est seulement toutes les deux parce qu'on a l'air complètement ridicules. On saute, on bouge les bras de haut en bas, on émet des sons étranges.

— Pourquoi on fait ça, déjà ? demande Anna, un peu gênée.

— Pour évacuer tout le stress de notre corps, dis-je en tournoyant. Bah ! Bouh ! Be lou ! Bah ! J'appelle ça la danse du fou ! Baaah ! Bla ! Bla ! Bla ! Ça fait du bien, hein ? Tu vas te sentir mieux, après ça ! Succès garanti !

— Oui, mais je me sentais déjà bien, moi !

— Dis-toi que tu le fais par solidarité, dans ce cas !

On se défoule ainsi pendant de longues minutes, jusqu'à ce qu'on soit trop essoufflées pour continuer.

— OK. Je te l'accorde ! lâche Anna en se laissant tomber sur sa chaise, les cheveux ébouriffés. Ça fait du bien ! Merci, Morgane.

Mon amie étire le bras en direction de sa table de nuit et me tend une tablette de chocolat extra sucre, extra colorant et extra produits chimiques.

— Tiens. Avale ça. C'est le remède parfait pour recoller les cœurs brisés, m'assure-t-elle.

— C'est un peu contre mes principes, tu le sais bien…

— Tais-toi et fais ce que je te dis !

Bon, qu'est-ce que je risque à essayer ? Je ne vais quand même pas me transformer en monstre à trois têtes parce que je mange une petite gâterie, non ? Après tout, Anna est la pro des relations amoureuses ! Je dois lui faire confiance. Je retire la tablette de chocolat de l'emballage et mords dedans à belles dents.

— Wow ! C'est comme une explosion de saveur dans ma bouche ! dis-je, émerveillée. C'est sucré, c'est salé, c'est moelleux et croquant à la fois. Bout de luzerne ! Je n'avais jamais rien goûté de si bon !

— Ben là ! N'essaie pas de me faire croire que tu ne manges jamais de chocolat ! lance Anna, outrée.

Je prends une autre bouchée (ça goûte le ciel !) et lui réponds, la bouche à moitié pleine :

— Bien sûr que j'en mange. À l'occasion, quand ma marque préférée (biologique et équitable) est en solde.

Anna ricane un bon coup et tend la main pour que je partage avec elle. Non ! Pas question ! Je fourre le reste du chocolat dans ma bouche avant qu'elle n'ait le temps de me le voler.

— Hé ! crie-t-elle d'un air scandalisé.

— Quoi ? Ché à moi, tsu me l'as gonné !

— Tu es vraiment bébé !

— Je l'chais !

— Et un peu dégoulinante, aussi !

Je m'essuie le menton avec la main (j'ai peut-être exagéré, compte tenu de la capacité de stockage de ma bouche) et me force à avaler. Anna éclate de rire et je l'imite de bon cœur.

— Bon, je crois que je vais me coucher, annonce-t-elle en bâillant bien fort. Contente de voir que tu vas mieux.

— C'est grâce à toi, lui dis-je avec sincérité.

— Et au chocolat, ajoute Anna. Je ne sais pas si tu vas réussir à dormir après ça. Tu aurais dû m'en donner un morceau…

— Jamais de la vie !

Anna me fait un grand sourire et prend quelques minutes pour faire sa toilette, vérifier son alarme, s'installer dans son lit et me souhaiter bonne nuit. Je consulte mon téléphone : neuf heures trente ! C'est moi ou mon amie se couche de plus en plus tôt ? Même sans chocolat, je ne réussirais jamais à m'endormir à cette heure-là !

Je me rends dans la salle de bain sans faire de bruit et prends bien mon temps pour me servir un verre d'eau, me brosser les dents et enfiler un pyjama. Quand je reviens dans la chambre, il est… neuf heures trente-deux ! OK. Le temps veut jouer à ce petit jeu-là avec moi ? Tant pis pour lui ! Je vais me tenir tellement occupée qu'il va filer à la vitesse de l'éclair ! Gnac ! Gnac ! Gnac ! (Pour ceux qui n'auraient pas compris, il s'agit ici d'un rire extrêmement diabolique.)

Une fois sous les draps (ils sont chauds, ils sont doux, ils sont confortables… et ils sentent le chocolat… oups ! j'en ai un morceau collé dans les cheveux !), je prends mon téléphone avec la ferme intention de faire le tour de tous les tests les plus ridicules, les plus comiques et les plus insignifiants de la grande communauté Facebook. Il paraît qu'il y en a un qui permet de savoir quelle créature habite mon âme (hou, c'est presque effrayant !), et un autre qui propose de dessiner un portrait de l'homme de mes rêves (bien hâte de voir ça !).

— Dis-moi, murmure Anna, la voix à moitié endormie. Comment vas-tu gérer le dossier Thomas ?

— Je n'ai plus envie de me cacher, dis-je en relevant un bras pour y appuyer ma tête. Je n'ai pas le choix. Je vais reprendre ma vie comme avant.

— Bonne décision. Mais tu sais que Thomas ne lâchera pas le morceau si facilement, hein ? Il peut se montrer insistant quand il s'y met.

— Oui, je sais. Je ne suis pas obligée de lui parler. Ni de répondre à ses textos. De toute façon, ma Muraille de Chine est de plus en plus solide. Enfin, je crois.

— Je vais t'aider à la bâtir, grommelle Anna, la voix de plus en plus faible.

— Merci.

— Les amies sont là pour ça.

J'entends Annabelle se tourner sur le côté, ce qui met fin à notre conversation. Je pense qu'elle dort déjà. Et moi, je me sens prête à démarrer ma nouvelle vie, derrière mes barricades.

CHAPITRE 5

Actions / réactions (à répétition)

CHAPITRE 5

Les semaines suivantes se déroulent relativement bien. Ce n'est pas parfait, mais ce n'est pas si mal. En fait, je pourrais décrire mes journées comme une série d'actions et de réactions tellement prévisibles qu'elles en deviennent presque comiques.

ACTION N° 1 : Thomas me suit partout. RÉACTION : je l'ignore de façon magistrale. Facile !

ACTION N° 2 : Thomas me bombarde de messages texte. RÉACTION : je fais comme si je n'avais rien reçu. Simple comme tout !

ACTION N° 3 : Thomas me téléphone sans arrêt. RÉACTION : je me sers de mon afficheur pour filtrer mes appels. Rien de bien sorcier ! Il va même jusqu'à camoufler son numéro, mais je vois clair dans son jeu et je ne réponds pas non plus.

ACTION N° 4 : Thomas me lance des avions de papier avec des messages écrits à la main.
RÉACTION : je les jette au recyclage sans prendre la peine de lire ses petits mots. Un peu douloureux quand je reçois une feuille pliée dans l'œil, mais je survis !

ACTION N° 5 : Thomas colle des *Post-it* un peu partout dans l'école. Sur ma case, sur la porte de ma chambre, dans le local du journal, dans les toilettes des filles (quoi ?), et même sur Anna, qui se rend à ses cours avec des messages collés dans le dos sans le savoir.
RÉACTION : je décolle les *Post-it* un à un jusqu'à ce qu'ils aient tous disparu. Je les brûle. Je les bouffe. Je les lui lance à la tête.

CHAPITRE 5

Après trois semaines de ce petit manège, je me dis que Thomas va finir par abandonner, mais il est plus persévérant que je l'anticipais. Il recommence ses actions à partir du début, sans se fâcher, sans se décourager. J'ai l'impression de vivre dans un cercle perpétuel de tentatives désespérées.

— As-tu reçu mon texte pour le prochain numéro du journal, Morgane ? me demande-t-il ce matin-là en me suivant comme un petit chien. Je te l'ai envoyé par mail hier soir. En tout cas, ajoute-t-il, je crois que certains élèves ont reçu trop de cadeaux à Noël. On est déjà en février et la section des petites annonces est encore pleine à craquer ! Tout le monde veut se débarrasser de ses vieux trucs. Il y a des vélos, des vêtements, des chats, des équipements de ski, des patins et, tu sais quoi ? Un bateau ! C'est fou, hein ? Qui s'imagine pouvoir vendre un bateau en plein hiver ? Dans une école ? Hi ! Hi !

J'entre dans la grande salle sans dire un mot. Je m'arrête à ma case pour y enfouir mes livres en vitesse et quitte l'endroit aussitôt. Thomas ne me lâche pas d'une semelle. Bout de luzerne ! Qu'il fasse de l'air ! Je n'ai pas envie de retourner manger dans le vestiaire des filles, moi !

— Je l'ai quand même ajoutée aux autres, dit-il sans se laisser décourager par mon attitude. L'annonce du bateau, précise-t-il en voyant mon air perdu. Tu n'écoutais pas ce que je te disais, hein ? Ce n'est pas grave. Alors ? Est-ce que ça avance bien, le prochain numéro du *No Name* ? En tout cas, il est très attendu ! Tout le monde me demande quand il va paraître. J'avoue que je suis assez curieux, moi aussi. On a beaucoup parlé d'amour dans les numéros précédents, mais une édition spéciale sur la vie de couple, c'est très intéressant. J'ai hâte de voir ce que tu vas écrire sur le sujet.

Je lève le menton bien haut et je serre les dents pour m'empêcher de répondre à Thomas. Il veut connaître mon point de vue ? Il ne va pas tarder à l'avoir. Et il risque d'être déçu, parce qu'il n'y a rien (mais vraiment rien) d'encourageant pour lui dans mon article. En attendant, je poursuis ma route sans lui lancer le moindre regard.

SANS LE REGARDER, HEIN ?

OK. J'avoue. Ce n'est pas tout à fait vrai. Je me permets un petit coup d'œil dans sa direction une fois de temps en temps, mais seulement quand je sais que son attention se porte sur autre chose.

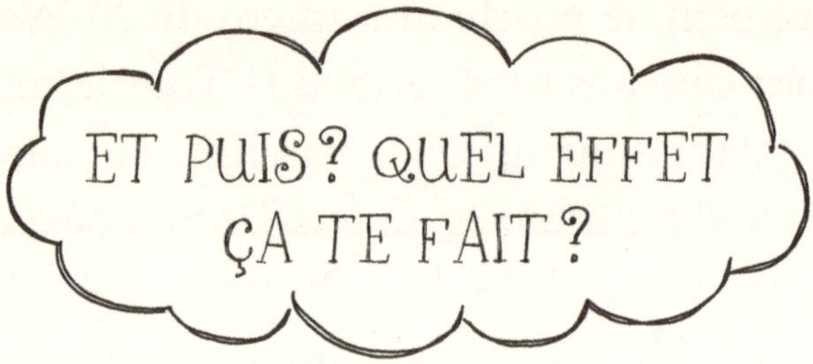

Aucun effet. Rien du tout. Thomas, c'est Thomas. Il n'a pas changé. Il est toujours aussi prétentieux. Toujours aussi crétin. Toujours aussi grand, toujours aussi beau, toujours aussi incroyablement séduisant. Bout de luzerne ! Un peu d'autocontrôle, Morgane !

Paniquée, et les joues plus rouges qu'un coquelicot, je bifurque vers la droite et m'oblige ainsi à grimper l'escalier qui mène au deuxième étage.

— Où vas-tu ? me demande Thomas, amusé par ma réaction.

Aucune idée. Je m'éloigne de la cafétéria, je m'éloigne de la salle des cases, je m'éloigne de l'agora ; bref, je m'éloigne de la société au grand complet. Me voilà seule avec Thomas dans un couloir abandonné. Mauvaise stratégie !

Mon cœur s'emballe et mes jambes ramollissent. Des images s'insinuent dans ma tête (des images dans lesquelles Thomas et moi sommes dans un coin retiré, à l'abri des regards). J'essaie de les repousser à grands coups de pied, mais elles sont tenaces, les vilaines !

Ça suffit ! Je ne peux pas flancher ! J'ai tenu le coup pendant plusieurs semaines. Il est hors de question que je laisse mon imagination débordante gâcher tout ce beau travail ! Les portes des locaux vides défilent à ma gauche et une silhouette apparaît au loin. Je crois reconnaître monsieur Benoit, le responsable du club de plein air. Oui ! C'est bien lui ! Je vois sa grosse barbe ! Je lève la main dans les airs et lui fais de grands signes pour attirer son attention.

— Monsieur Benoit ! Attendez-moi, monsieur Benoit !

Il ne le sait pas encore, mais il vient de me sauver la vie.

— Morgane ? demande-t-il, légèrement inquiet. Est-ce que tout va bien ?

— Oui ! dis-je en courant dans sa direction. Oui, tout va bien, merci. J'avais quelques questions à vous poser concernant la prochaine sortie du club. Vous savez ? Le camp d'hiver.

— OK. Et ça ne peut pas attendre à la semaine prochaine ? On a justement une réunion prévue à ce sujet.

— Euh, oui, c'est juste que je me demandais…

— Oui ?

Monsieur Benoit tend l'oreille, prêt à m'aider. Oups ! Je n'ai aucune question en tête ! Je dois trouver quelque chose. Je connais bien Thomas : si je réussis à trouver un sujet de conversation suffisamment inintéressant, il y a de fortes chances qu'il choisisse de s'en aller.

— J'avais quelques petites interrogations quant au matériel à apporter, fais-je, sans trop savoir où je m'en vais avec ça. Quelle est l'épaisseur de sac de couchage recommandée ? Est-ce que je ferais mieux d'en choisir un en duvet de canard ou en duvet d'écureuil ? Lequel est le plus chaud ? Et la couleur ? Est-ce que la couleur du sac a de l'importance ? Y a-t-il des teintes plus propices à éloigner les ours polaires de notre campement ?

J'entends Thomas pouffer de rire derrière mon dos. Je me retourne vivement, l'air mauvais.

— Quoi ?

— Tu es en train de parler de duvet d'écureuil et d'ours polaires, Morgane!

— Et alors?

La main de monsieur Benoit se pose sur mon épaule; il me dit, mi-amusé, mi-découragé:

— Tout va bien aller, Morgane. Présente-toi à la réunion la semaine prochaine et tu auras toutes les informations. D'accord?

— Oui, mais…

— Va dîner*. On se revoit plus tard. Et ne tue pas d'écureuils pendant ce temps-là, OK? Ces petites bêtes ne t'ont rien fait.

Un sourire se dessine derrière sa barbe, et il disparaît de mon champ de vision. Bon. Mon intervention n'a pas été un succès. Non seulement je me suis ridiculisée, mais je n'ai pas réussi à me débarrasser de Thomas. Tant pis! Je déguerpis!

Je pique un sprint jusqu'au bout du corridor, renverse une fille de première secondaire au passage (oups! désolée!), descends l'escalier en vitesse et cours de toutes mes forces. Tout le monde me regarde, l'air de se demander ce qui me prend. Un surveillant me dit qu'il est interdit de courir dans l'école (la marche rapide, est-ce que ça va?), Roméo me demande si tout va bien (je fais signe que oui, pas le temps de lui

* **Dîner** – Repas de midi.

expliquer), et j'entre en trombe dans le local du journal. Vlan ! Je claque la porte derrière moi. J'ai tout juste le temps de verrouiller la serrure avant que Thomas n'arrive (il ne m'a pas lâchée d'une semelle). Le front appuyé sur le montant de la porte, le souffle court, je l'entends tourner la poignée, frapper quelques coups, crier mon nom. J'ai l'impression de me retrouver dans une série télé particulièrement morbide et de me faire poursuivre par une créature affamée !

Parlant d'affamée...

Tom : Ne sois pas stupide, Morgane ! Tu ne peux pas rester là toute l'heure du midi. Qu'est-ce que tu vas manger ?

Je ne réponds pas. Je suis touchée qu'il se sente concerné par mon bien-être, mais ça s'arrête là.

Tom : Sors de là, je t'en prie.

Tom : Il y a du pâté aux lentilles, ce midi, à la cafétéria.

Tom : Miam ! Du bon pâté aux lentilles !

Tom : Tu viens ?

Thomas déteste les lentilles. Il dit toujours qu'un repas sans steak, sans jambon ou sans bacon, ce n'est pas un repas. J'ignore ses autres messages (une bonne dizaine si je me fie à la sonnerie de mon téléphone), et m'éloigne enfin de la porte du local.

— *Are you all right* *, Morgane ?

Je fais un tel saut que je lâche un cri et me précipite sur Eddy, le cœur sur le point d'exploser.

— Qu'est-ce que tu fais là ? dis-je, en lui donnant une tape sur l'épaule. Tu veux me faire mourir ou quoi ?

— *Sorry*, fait mon ami en levant les mains pour se protéger. Je pensais que tu m'avais vu. Il faut croire que tu étais trop absorbée par les messages de Thomas.

— Je n'étais pas absorbée !

— Distraite, alors ? Subjuguée ? Captivée ? Charmée ?

— Charmée ? Comment je pourrais être charmée par un message sur le pâté aux lentilles ?

— Hein ?

— Laisse tomber ! Pourquoi tu es là ?

* ***Are you all right ?*** - Est-ce que tu vas bien?

— Je suis venu ici pour lire en paix, explique Eddy en pointant le livre posé sur ses cuisses. C'est raté, je crois.

Mon ami s'appuie au dossier de sa chaise et relève les pieds sur le bureau devant lui. Il me considère un moment, les bras croisés, les lèvres pincées.

— Je ne te dérangerai pas, dis-je en m'approchant de l'ordinateur. Je suis venue mettre un point final au *No Name.*

— OK. *Do it.* Mais si jamais tu as envie de parler de…

— Non, dis-je sans le laisser finir sa phrase.

— Ou si tu veux que je te donne des trucs pour…

— Non plus.

— Tu ne sais même pas ce que j'allais dire ! lance Eddy avec impatience.

— Au contraire, je le sais très bien. Tu allais me parler de Thomas et, je n'ai pas envie de parler de Thomas.

— OK. Mais pourtant, c'est toi qui prononces son nom. *Not me.*

J'allume l'ordinateur et me mets au travail. J'essaie d'oublier mon estomac qui gronde, mais il est si bruyant qu'Eddy me lance des oursons en gelée à la tête, par pitié. Après quelques minutes de gargouillement intensif, on frappe trois petits coups à la porte. Eddy et moi tournons la tête.

— Qu'est-ce que…

Je m'approche. Quelqu'un a déposé une tranche de pain écrasée sur une feuille de papier et l'a fait glisser sous la porte. Miam ! Jamais une tranche de pain ne m'a semblé aussi appétissante ! Je la tire vers moi, et une autre tranche suit aussitôt. L'instant d'après, c'est un bout de fromage qui apparaît, suivi d'un peu de laitue et d'un petit sachet de mayonnaise.

C'est la première fois qu'on me sert un sandwich en pièces détachées sous une porte pour assurer ma survie. C'est vrai que mon expérience de captive est plutôt limitée et que j'ai passé près de mourir de faim très peu souvent dans ma vie, mais quand même. J'apprécie le geste.

Tom : Bon appétit ! ☺

— Tu n'as pas l'intention de lui répondre ? demande Eddy en tirant bien fort sur son serpent en gelée pour le décapiter avec ses dents.

Je sens du jugement dans le ton de sa voix.

— Je ne sais pas… De toute façon, tu étais d'accord pour ne pas parler de Thomas. Sujet clos.

J'assemble mon sandwich et croque dedans avec appétit. C'est dé-li-cieux ! Eddy me regarde manger (dévorer) mon repas sans sourciller et tape un message sur son téléphone.

Eddy : Allez, Morgane. Écris-lui !

Moi : Je ne veux pas parler de Thomas. Il me semble que c'est clair.

Eddy : *I'm not talking. I'm writing.** Thomas fait des efforts, j'espère que tu le sais.

Moi : Bien sûr que je le sais.

Eddy : Et toi, tu n'en fais aucun.

Moi : J'ai déjà donné. J'ai essayé, sérieusement, mais Thomas n'a pas ce qu'il faut pour me rendre heureuse.

* ***I'm not talking. I'm writing.*** – Je ne parle pas. J'écris.

Eddy : *You're wrong.* *

Eddy : Je ne connais peut-être pas grand-chose aux relations garçons-filles, mais je vois assez clair pour comprendre que vous êtes faits l'un pour l'autre.

Moi : N'importe quoi !

Eddy : Le nouveau Thomas est parfait pour toi.

Moi : Le nouveau Thomas ? Qu'est-ce que tu racontes ?

Eddy : Il est en train de changer, Mo. Tu apprendras que tu n'es pas la seule à avoir pris des résolutions.

Moi : C'est lui qui t'a demandé de me dire ça ? Bien joué !

Eddy : *Not at all !*** Ça vient de moi à cent pour cent.

* ***You're wrong.*** – Tu as tort.
** ***Not at all !*** – Pas du tout !

CHAPITRE 5

Eddy : Tu sais qu'il n'a parlé à aucune fille de l'école depuis des jours ?

Moi : Impossible.

Eddy : Je te le dis ! Pas un mot. Pas un regard. Pas un *french* * !

Moi : Bien contente pour lui, mais je ne vois pas ce que ça change.

Eddy : Tu es vraiment têtue !

Moi : Je ne suis pas têtue, je suis réaliste ! Thomas va bien vite se lasser de son petit jeu, Ed. Il va redevenir comme avant. Aussi cavalier, aussi impertinent, aussi irrespectueux et aussi coureur de jupons qu'il l'a toujours été.

Moi : Un sandwich improvisé ne changera rien à ça.

Eddy : N'essaie pas de m'impressionner avec tes grands mots, Morgane. Je suis aussi brillant que toi, tu sauras.

* ***French(er)*** – Un patin, embrasser avec la langue.

Hi! Hi!

Moi: Je sais. 🙂 Sujet clos (vraiment, cette fois-ci).

Eddy: OK. Le sujet est clos, mais pas votre histoire, j'en suis sûr. 😉

Eddy éteint son cell et retourne à sa lecture. De mon côté, je change de destinataire et tape encore quelques lettres. Cinq, pour être exacte. Cinq petites lettres qui me donnent chaud. Qui me donnent froid. Qui font battre mon cœur bien fort.

Moi: Merci.

Tom: 👍

Et voilà. Pour la première fois depuis trois semaines, j'ai rétabli la communication entre Thomas et moi (ce qui ne veut pas dire que ma Muraille de Chine est sur le point de s'effondrer). Maintenant, au boulot! Je veux terminer le journal au plus vite (et me débarrasser une bonne fois pour toutes de ce sujet ultra-déprimant: les relations de couple).

Le No Name !

Édito

Chers étudiants, vous avez été nombreux à nous faire parvenir vos témoignages, vos commentaires et vos questions portant sur le sujet qui nous préoccupe tous : la vie de couple ! Tellement nombreux que j'ai eu besoin d'un peu plus de temps pour mettre de l'ordre dans tout ça et rédiger un article digne de ce nom. Le voici, le voilà ! Je vous souhaite une excellente lecture.

AVERTISSEMENT

Le comité du journal se libère de toute responsabilité concernant d'éventuelles discussions, remises en question ou séparations découlant de la lecture de cet article.

POUR ou CONTRE la vie de couple ?

Pour la plupart des gens, la vie de couple est synonyme de complicité, et s'accompagne d'une sensation de bien-être et de bonheur. Mais pour certains d'entre nous, elle représente une source de stress, d'irritants et de confrontations de toutes sortes. Pour savoir où vous en êtes, j'ai pensé faire un petit résumé des avantages et des inconvénients de la vie de couple selon **votre perception**. Voici ce que vous avez répondu.

Les réponses exclusivement féminines sont suivies d'un (F) et les réponses uniquement masculines, d'un (M).

Arguments en faveur de la vie de couple :

1. Je me sens moins seul(e) ;
2. On peut faire plein de trucs à deux, comme aller au cinéma, faire du shopping (F), regarder le hockey (M), jongler, jouer au bridge, faire du vélo en tandem (réponses anonymes) ;

3. J'ai l'impression que quelqu'un m'écoute quand je parle (F);
4. C'est plus facile de danser un *slow* quand on est deux (et moins gênant);
5. J'aime quand mon chum me dit que je suis belle (F);
6. J'aime quand ma blonde me dit que je sens bon (M);
7. J'ai enfin quelqu'un pour me tenir au chaud l'hiver (F);
8. On peut *frencher* plus souvent (G).

Arguments en faveur du célibat:

1. Je suis libre de faire ce que je veux, quand je le veux et avec qui je le veux, et je n'ai de compte à rendre à personne (sauf à mes parents, évidemment);
2. Ça coûte moins cher à Noël et à la Saint-Valentin;
3. Je n'ai pas à faire de compromis sur ma tenue, ma coiffure, mes choix musicaux et mes émissions de télé;
4. Je n'ai pas besoin de m'épiler (F);

5 Je n'ai pas besoin de prendre ma douche tous les jours (M);

6 Je ne suis pas obligé de *frencher* toujours la même fille (G).

Pas facile de trancher, n'est-ce pas? Pour vous aider, voici quelques témoignages. Il s'agit de faits vécus par vous, chers étudiants de cette école. Qui aurait cru qu'il se passait tant de choses entre ces murs, hein? **Amusez-vous bien!**

Allô! Voici mon point de vue sur la vie de couple.

C'est très excitant d'être amoureux de quelqu'un. Vraiment! J'adore les débuts de relation: les regards en coin, les sourires gênés, les jambes molles, le cœur qui bat plus fort. Puis, viennent les premiers rendez-vous. On s'étudie, on apprend à se connaître, on a des papillons dans le ventre. Quand vient enfin le moment du baiser, c'est juste incroyable! C'est magique!

Et... c'est là que ça se termine. La vie de couple, ce n'est pas pour moi. Au suivant!

Victor C.

Je suis sortie pendant près d'un an avec un certain G.R., pour ne pas le nommer. Et vous savez quoi? C'est un imbécile! Je suis contente qu'il m'ait laissée tomber, vous n'avez pas idée! Maintenant qu'on n'est plus ensemble, je peux vous révéler le top 3 des meilleures cachettes de cette école. Il ne pourra plus s'en servir pour embrasser les filles dans mon dos. Hé! Hé!

3. La pièce qui sert de rangement au matériel sportif est toujours libre entre 16 h et 17 h, le vendredi soir.

2. Il n'y a jamais personne dans le local de chimie à l'heure du dîner.

1. Le petit coin sombre sous l'escalier de secours de l'aile ouest, c'est l'endroit le plus désert de toute l'école.

A. L.

Garçon cherche fille

Tu cherches l'amour? Ça y est, tu m'as trouvé! Tu ne le sais peut-être pas encore, mais je suis le gars idéal pour toi. Beau, grand, fort et musclé (j'exagère à peine), je ne recule devant rien pour plaire à l'élue de mon cœur. Tu aimes le cinéma libanais? Pas de problème, je peux faire semblant d'aimer ça moi aussi.

Tu raffoles des rognons de porc à la crème (un plat cuisiné à partir de reins de cochon)? Je peux y goûter pour te faire plaisir. Tu rêves de visiter la Syrie en ces temps hostiles? Tu penses à te faire tatouer un dragon géant sur le visage? Tu veux faire la grève de la faim pour soutenir je ne sais quelle cause humanitaire? Je suis ton homme!

Viens me rejoindre au local C-212 ce vendredi pour une présélection des candidates intéressées.

Marc-Jérémie Roussette-Côté

La rubrique littéraire

PRÉSENTÉE PAR EDDY

La vie de couple est un thème fort abordé en littérature, qu'il s'agisse de romans jeunesse ou de romans pour adultes. Personnellement, j'aime bien quand l'auteur nous dresse un portrait réaliste du sujet, au lieu de nous raconter une histoire à l'eau de rose dans laquelle il multiplie les clichés.

Voici la critique d'un livre que j'ai particulièrement aimé.

CHAPITRE 6

Je vous présente Morgane

CHAPITRE 6

Argh ! Ça ne fonctionne pas ! J'ai beau me concentrer, réfléchir très fort, impossible d'y arriver.

Pas une phrase, pas un seul petit mot ne me viennent en tête pour commencer ma lettre. Mon curseur clignote devant mes yeux, seule tache sur la page blanche de mon portable. On dirait qu'il rigole. Qu'il se moque de moi.

Mes doigts tapent sur quelques touches afin de remplir le vide, par compassion pour mon cerveau paresseux. « POUET! »

Wow ! Ce n'est pas avec ça que je vais réussir à me démarquer.

Yanie : Salut, Mo ! Enfin vendredi !

Yanie : Rentres-tu chez toi pour le week-end, finalement ?

ALLÔ !

Enfin une distraction ! Je jette un coup d'œil autour de moi comme pour m'assurer que j'ai le droit de prendre une pause (personne n'est là pour m'embêter, je suis toute seule dans la chambre), et je ferme le couvercle de mon ordinateur, sans prendre la peine d'enregistrer mon « POUET ! » Ce n'est pas le genre de texte qui mérite d'être sauvegardé. Allongée sur mon lit, cellulaire à la main, je réponds à Yanie.

Moi : Yep ! Maman vient me chercher demain matin. ☺

Louba : Seulement demain ? ☹

Moi : Oui, elle a quelque chose ce soir. Pourquoi ?

Yanie : On aurait aimé que tu sois là. Layla organise un party* de la mort !

Moi : Quand ?

Louba : Maintenant ! Es-tu sûre que tu ne peux pas venir ?

Moi : Tu connais une méthode de téléportation efficace, toi ? Moi, non. Désolée.

Hi ! Hi ! Hi !

* **Party** – Fête.

CHAPITRE 6

Yanie: C'est trop nul ! Les partys ne sont plus les mêmes depuis que tu n'es plus là.

Louba: C'est vrai, ça ! Il n'y a personne pour vider les pots de cornichons à l'aneth dans le frigo.

Yanie: Personne pour organiser le super concours de chaise musicale version Morgane !

Louba: Personne pour chanter du Lady Gaga à tue-tête.

Moi: C'était le bon vieux temps, ça, les filles, n'est-ce pas ? J'ai vieilli, vous saurez. Je ne fais plus ce genre de trucs, maintenant.

Louba: Quoi ? Toi, tu ne chantes plus du Lady Gaga ?

Moi: Pas à tue-tête, en tout cas. Et seulement sous la douche.

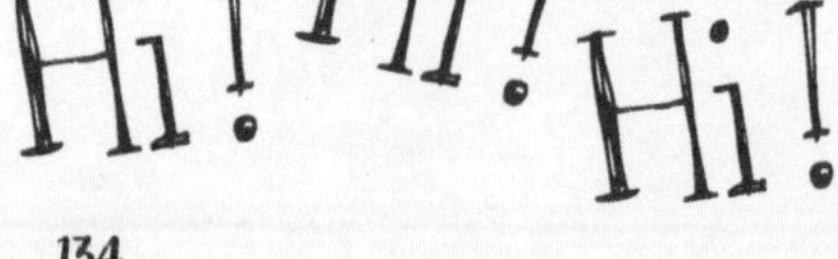

Moi: Ou en cuisinant.

Moi : Ou en faisant la mise en page du *No Name*.

Moi : Parfois en étudiant.

Louba : Quatre-vingt-dix pour cent du temps, finalement !

Moi : LOL !

Yanie : Je m'ennuie trop de toi, Mo. Est-ce que je peux venir chez toi demain ? Je pourrais demander à mon père de venir me reconduire.

Yanie : Si ta mère est d'accord, évidemment.

Moi : Je suis sûre que ce sera OK. Tu pourrais même dormir à la maison si tu veux.

Louba : Bonne idée ! J'embarque, moi aussi !

Yanie : Hé ! Qui t'a dit que tu étais invitée, toi ?

Louba : Moi !

Yanie : J'ai peut-être envie d'être seule avec Morgane, qu'est-ce que tu en sais ?

Louba : Je ne pense pas, non.

Louba : Tu as seulement peur que je raconte à Mo ce qui s'est passé dans le cours d'anglais. Avoue !

Yanie : Pas du tout !

Louba : Mais oui !

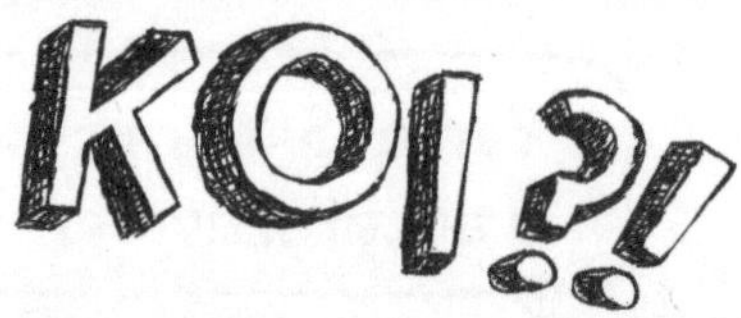

Moi : Qu'est-ce qui s'est passé dans le cours d'anglais ?

Yanie : Rien d'important.

Louba : Tu veux rire ? C'était trop drôle !

Moi : Allez, les filles ! Je veux tout savoir !

Louba : Seulement si je peux venir dormir chez toi moi aussi.

Moi : Tu me fais du chantage ?

Louba : Tellement ! Alors, tu promets ou pas ?

Moi : Oui, oui, promis ! Raconte !

Louba : OK. Alors voilà...

Je passe l'heure suivante à texter mes amies. Sérieusement, Yanie est la plus maladroite et la plus gaffeuse des filles que je connaisse. Dans un seul et même cours, elle a réussi à lâcher un gros rot devant toute la classe, à faire tomber son étui à crayons au sol (lequel contenait un bel inventaire de tampons et de protège-dessous !), et à cracher son chewing-gum à l'autre bout de la classe en éternuant. Je ne pensais pas qu'il était possible de faire autant de bêtises dans un aussi court laps de temps.

Yanie : C'est bien beau, tout ça, mais on ferait bien de se préparer si on veut aller chez Layla.

Louba : Oui, tu as raison. Désolée, Mo, on doit y aller !

Moi : Pas de problème. Vous saluerez Layla de ma part.

Yanie : 👍 Qu'est-ce que tu vas faire, toi, ce soir ?

Moi : Je vais essayer d'écrire ma lettre de présentation pour le stage d'été.

Yanie : Quoi ? Tu as décidé de postuler ? Sans nous en parler ?

Moi : Ben, en fait, je vous en ai déjà parlé plein de fois, non ?

Yanie : Oui, mais il n'y avait rien d'officiel dans tout ça, Morgane !

Moi : Justement, il n'y a encore rien d'officiel. Je n'ai même pas réussi à aligner deux mots.

Yanie : Oui, mais là, c'est officiel qu'il n'y a rien d'officiel. Ça change tout !

Moi : Hein ?

Louba : Tu veux que je traduise pour toi ? ☺ Ce que Yanie veut dire, c'est que tu as décidé de poser ta candidature sans nous texter pour nous le dire.

Moi : Et alors ?

Louba : Alors, c'est tout.

Moi : C'est ça qui te fait paniquer, Yanie ?

Yanie : Je ne panique pas ! Je refuse d'accepter que tu passes l'été chez Anna, c'est tout.

CHAPITRE 6

Bye !

Moi : On en reparlera si je suis choisie, d'accord ? Pour l'instant, je suis loin d'être convaincante !

Je souhaite une bonne soirée à mes amies et j'éteins mon cell. Je connais Yanie. Plus on va en parler, plus elle va s'énerver. Son petit côté dramatique a tendance à prendre le dessus quand j'essaie de la rassurer, alors je n'essaie même pas. J'ai plus important à faire pour l'instant.

Bien installée à mon bureau, j'allume mon ordi et reprends ma rédaction là où je l'avais laissée, c'est-à-dire nulle part. Bout de luzerne ! Pourquoi c'est si difficile d'écrire une lettre de présentation ?

J'ai pondu des dizaines d'articles dans ma vie. Des centaines, même, si je compte ceux que je garde bien au chaud dans un fichier confidentiel, ceux qui sont trop longs, ceux qui sont trop courts ou ceux qui n'intéressent que moi. J'ai griffonné pendant des années dans mon journal intime (trois pages par jour pendant les six dernières années de ma vie = beaucoup, beaucoup de pages). J'ai inventé des histoires, écrit des contes pour ma petite cousine, rédigé des rapports de lecture, des dissertations (ça, c'est pour le plaisir, je ne suis pas à l'université, quand même !).

Je suis probablement la personne qui a le plus d'expérience en écriture dans cette école. Pourquoi est-ce que je n'arrive pas à pondre quelque chose de pertinent, cette fois-ci ? Ce n'est pourtant pas compliqué ! Je dois parler de moi, expliquer pourquoi ce stage m'intéresse et surtout, faire valoir ma candidature et convaincre ces employeurs que je suis la seule option possible parmi toutes les personnes qui ont offert leurs services.

Je délaisse mon ordinateur et m'installe avec un carnet de notes. Ça ira peut-être mieux à la main. Ou pas. Je griffonne des idées… que j'efface aussitôt. J'en note d'autres… que je raye sur-le-champ. Ça donne un ramassis de gribouillis qui ressemble un peu à ceci :

~~Objet : Je vous présente la merveilleuse Morgane~~

(C'est vrai, je suis merveilleuse. ☺ Mais si je l'écris comme ça en tête de lettre, je risque de donner l'impression que je suis prétentieuse.)

~~Objet : Mise en candidature~~

(Ça, c'est un peu trop sérieux. Je ne sollicite pas un poste à la Maison-Blanche, quand même.)

Objet : Stage d'été

(Simple. Concis. Efficace. Je conserve. C'est un bon début.)

Passons au début de la lettre, maintenant.

~~À qui de droit~~

(Trop impersonnel.)

~~Monsieur le responsable du stage,~~

(Ce n'est pas beaucoup mieux. J'ai l'air d'une gamine de première année. Cet homme doit bien avoir un nom. Je dois le trouver !)

Monsieur Kelbogosse,

(Sérieux, j'ai vérifié trois fois. C'est VRAIMENT son nom de famille, pauvre homme ! J'espère au moins qu'il n'est pas trop laid. Bon, maintenant que j'ai réglé l'en-tête, il est temps de passer aux choses sérieuses. Go, Morgane, go !)

VERSION 1 :

Enthousiasme exagéré.

~~Bravo ! Vous avez trouvé la perle rare : MOI ! Vous allez tellement m'aimer que vous ne voudrez plus me laisser partir. M'essayer, c'est m'adopter !~~

(Je suis une ado, pas un chien ! Pourquoi pas une laisse, tant qu'on y est ?)

Phrases courtes, infos de base.

VERSION 2 :

~~Mon nom est Morgane.~~
~~J'ai quinze ans. Je veux devenir journaliste. J'ai un peu d'expérience comme rédactrice en chef. J'ai de l'entregent. Je veux apprendre. Je suis prête à travailler fort.~~

(Ron… ZZZ…
Ennuyeux à mourir !)

VERSION 3 :

Devenir journaliste est un rêve que je caresse depuis de nombreuses années, et je crois qu'un stage au sein de votre entreprise me permettra de parfaire mes connaissances en la matière. Je possède quelques mois d'expérience comme rédactrice en chef d'un journal étudiant et je gère actuellement une

équipe de travail avec respect et efficacité. Je reçois régulièrement des commentaires positifs des élèves et des enseignants au sujet de mes articles.
Non seulement je suis professionnelle et expérimentée, mais je fais preuve d'une éthique de travail hors du commun pour une élève de mon âge. Croyez-moi, vous ne regretterez pas de m'avoir choisie pour faire partie de votre équipe de travail.
Je vous remercie d'avoir pris le temps de considérer ma demande.
J'ai hâte de commencer mon stage.
J'attends de vos nouvelles avec la plus grande impatience.

Texte à mon image

Ouais. C'est un bon début. Je crois que je vais dormir là-dessus et tenter d'améliorer le tout demain matin. Et si je n'y arrive pas, rien ne m'empêche d'aller me présenter en personne à monsieur Kelbogosse. Rien de mieux qu'un tête-à-tête pour se faire une meilleure idée de la situation. Il pourra voir à quel point je suis efficace, travaillante et respectueuse.

RESPECTUEUSE,
VRAIMENT ?

Quoi ?

AS-TU L'IMPRESSION D'AVOIR
RESPECTÉ LES ÉLÈVES DE
CETTE ÉCOLE DANS LE DERNIER
NUMÉRO DU *NO NAME* ?

J'avoue que j'ai peut-être raté mon coup, cette fois-ci.

Je me doutais que mon article ne ferait pas l'unanimité, mais je ne m'attendais pas à recevoir autant de messages de mécontentement de la part des élèves. En général, ils ont bien aimé la section *Pour ou contre la vie de couple?*, mais ils jugent que j'ai fait preuve de mauvaise foi en ne publiant que des témoignages déprimants, au lieu de présenter les deux côtés de la médaille.

« Tu aurais pu publier mon texte ! » s'est plainte Rosalie en agitant sa feuille sous mon nez. « Justin et moi, on vit une super histoire d'amour ! C'est beau, ce que j'ai écrit ! »

Ouais ! Une super histoire d'amour, mon œil ! Anna a pleuré pendant des semaines à cause de vous deux !

« Je t'ai envoyé une anecdote ! » a rouspété une certaine Mia-Jade. « Pourquoi tu ne l'as pas insérée dans le journal ? C'était trop drôle ! »

Pfft ! Elle n'était même pas drôle, son histoire. Bon, peut-être un peu, mais pas tant que ça. OK. J'avoue, j'ai ri aux larmes en la lisant.

Soudain, je réalise ce que j'ai fait. J'ai délibérément sélectionné les messages les plus sombres, les plus tristes et les plus décourageants afin de prouver à tout le monde qu'il est quasi impossible de vivre un réel bonheur en couple. Pourquoi ? Parce que je n'y arrive pas moi-même ? Sérieux, je me décourage !

Je m'empare de mon exemplaire du *No Name*, le jette au sol et saute dessus à pieds joints. Je le piétine, je le déchire avec mes orteils, je le massacre jusqu'à ce qu'il soit presque entièrement déchiqueté. Voilà ! Ça fait un bien fou !

En m'allongeant sur mon lit avec mon téléphone, je me fais la promesse de jeter mon côté rabat-joie aux poubelles. Ce n'est pas parce que je n'arrive pas à être en couple que les autres n'ont pas droit au bonheur. En tant qu'éditrice du journal, j'ai le devoir de faire preuve de professionnalisme. Ça ne se reproduira pas, parole de Morgane !

Pressée de me changer les idées, j'ouvre la nouvelle vidéo publiée par Anna-Bella4. Wow ! Je suis super fière de mon amie. Sa chaîne YouTube fonctionne super bien. Ses vidéos sont créatives, bien pensées, bien structurées, et je crois que celle-ci est sa meilleure d'entre toutes. Ça me donne presque envie d'essayer la petite expérience qu'elle propose. (Mais bon, je ne crois pas avoir assez de patience pour fabriquer un luminaire avec des bouts de papier colorés. En plus, ça ne risque pas de prendre en feu, son truc ? Je vais devoir lui en glisser un mot.)

Tout ça pour dire que je suis bien contente du succès qu'obtient mon amie. Je ne sais pas si elle réussira à devenir une vedette un jour, mais au moins, elle a un projet qui lui tient à cœur. (Un projet qui encombre notre chambre de plus en plus, mais je ne peux pas vraiment me plaindre. J'ai tendance à être un peu envahissante avec mes pousses de luzerne, depuis un certain temps.)

Je quitte la chaîne YouTube d'Anna, je joue un moment à mon nouveau jeu – je me lasse vite de faire rebondir une petite boule pour détruire des briques de couleur –, je fais un tour sur Facebook, j'écris à ma mère et j'installe une application qui me permet de connaître mon nom de licorne : Merveilleuse Bondissante. N'importe quoi ! Heureusement, Anna me sort de ce cercle infernal, plus communément appelé : « abrutissement intensif provoqué par les insignifiances du Web ». Elle m'écrit juste à temps, mon cerveau était sur le point de se liquéfier !

Anna : 112!

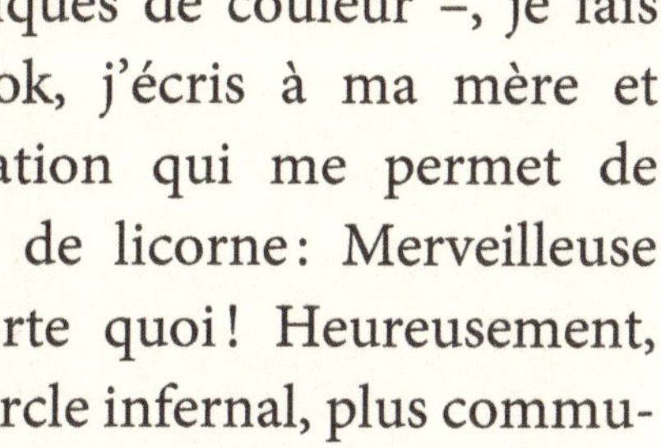

Oh ! Oh !
Ce n'est pas bon signe, ça !

CHAPITRE 7

Deuxième étage à la rescousse

Moi : 112 ? Qu'est-ce qu'il y a, Anna ?

Anna : C'est affreux ! J'ai besoin de toi.

Moi : Raconte ! Tu m'inquiètes !

Anna : Es-tu encore à la résidence ?

Moi : Oui, ma mère vient me chercher seulement demain. Et toi ? Où es-tu ?

Anna : Chez moi. Peux-tu venir ? Tout de suite !

Moi : Poilue ne me laissera jamais sortir sans autorisation. Pourquoi tu ne viendrais pas, toi ?

Anna : C'est compliqué.

Moi : Comment ça, compliqué ?

KOI ?!

Moi : Qu'est-ce que je peux faire ?

Moi : Est-ce que je peux t'aider par textos ?

Anna : Je ne sais pas. Peut-être. Ce n'est pas l'idéal. Je ne suis pas sûre.

Moi : Allez, Anna ! Dis-moi ce qui ne va pas !

Anna : OK. J'arrive ! Je vais demander à mon frère de venir nous reconduire.

Moi : Nous ? Comment ça, nous ?

Moi : Anna ?

Moi : Avec qui es-tu ?

Moi : Toujours là ?

Moi : OK. Je t'attends, dans ce cas.

CHAPITRE 7

Là, je dois avouer que je suis inquiète. Qu'y a-t-il de si grave pour qu'Anna revienne à la résidence un vendredi soir ? Je me lève pour faire chauffer un peu d'eau dans ma petite bouilloire (une tisane relaxante lui fera sûrement le plus grand bien), et tourne en rond dans ma chambre en l'attendant. Évidemment, mon cerveau s'imagine un tas de trucs hyper dramatiques, si bien que je m'attends presque à trouver une Anna à moitié défigurée à son arrivée.

J'attends. Je tourne en rond. J'attends. Je tourne en rond. J'attends. Bon, je crois que vous avez compris. Finalement, je bois la tisane (quoi ! elle était en train de refroidir) et m'apprête à envoyer un texto à mon amie quand j'entends la porte de notre chambre s'ouvrir. Anna entre en courant, me saute dans les bras et éclate en sanglots.

— Hé ! Qu'est-ce qu'il y a, ma belle ?

— C'est horrible ! Oh ! Si tu savais comme c'est horrible !

— Quoi ? Raconte !

Anna n'arrive pas à parler. Elle pleure, elle renifle, elle se mouche sur mon épaule, bref, c'est le vrai déluge. Et moi, je ne sais pas quoi faire, à part lui tapoter le dos avec la main. Tant que je n'aurai pas plus d'information sur le drame qu'elle est en train de vivre, je ne pourrai pas lui dire à quel point le monde est injuste.

Finalement, Anna reprend un peu ses esprits. Elle enlève ses bottes et son manteau, s'essuie le visage avec la manche de son pull et s'assoit sur son lit, les épaules basses. Avant qu'elle n'ait le temps d'ouvrir la bouche, un son sourd se fait entendre à la fenêtre de notre chambre. Toc !

Sur le moment, je crois qu'un oiseau est venu s'écraser contre la vitre, mais un autre bruit suit le premier. Toc ! Deux oiseaux ? Quand même pas ! Anna relève la tête, écarquille les yeux et se lève en vitesse.

— Oh ! J'ai failli les oublier ! fait-elle en regardant à travers la vitre. Attendez ! J'arrive !

Elle ouvre la fenêtre et un vent glacial pénètre dans notre chambre. Quelques instants plus tard, la tête d'Eddy apparaît.

— Eddy ? dis-je, sous le choc. Qu'est-ce que tu fais là ? On est au deuxième étage !

— Je sais ! Aide-moi, je ne veux pas glisser !

J'étire le bras pour l'aider. Son corps passe dans la petite ouverture et il se laisse tomber au sol, accrochant au passage une lampe, une boîte de mouchoirs, quelques livres et un verre d'eau. Eddy est plus du style « je m'échoue avec l'élégance d'une baleine à bosse » que « j'atterris avec la souplesse et l'agilité d'un chat ». Si je n'avais pas si peur de me faire pincer par Poilue, j'éclaterais de rire. Mais au lieu de ça, je m'approche d'Eddy et lui fiche deux ou trois claques derrière la tête.

— Qu'est-ce que tu fais là, espèce d'insouciant ? Tu veux nous faire expulser de l'école ou quoi ?

— Hé ! Doucement ! lâche-t-il en se protégeant avec ses mains. C'est un cas de force majeure, OK ? Anna a décrété l'état d'urgence. Comme tu ne pouvais pas venir à nous, on a décidé de venir à toi.

Eddy tourne la tête en direction de la fenêtre et demande :

— Besoin d'un coup de main, Tom ?

— Non, merci ! Ça va ! répond-il aussitôt.

Quoi ? Tom est là lui aussi ?

Je vois tout d'abord ses doigts apparaître sur le rebord de la fenêtre. Puis, sa tête, et enfin, ses épaules. Thomas grimpe sans difficulté et atterrit dans notre chambre, sur ses deux pieds. Rien à voir avec l'entrée fracassante d'Eddy, qui a l'air de se demander comment son ami fait pour avoir l'air si en contrôle. Les garçons enlèvent leurs bottes (non sans avoir mis de la neige partout), jettent leur manteau dans un coin de la chambre et se laissent tomber sur mon lit.

Et moi, je suis tellement surprise de voir Thomas dans ma chambre (bout de luzerne !) que mon corps refuse de m'obéir. J'aimerais être capable de bouger, de dire quelque chose ou même d'avaler ma salive, mais rien. Il ne se passe rien.

Anna met fin à mon état catatonique en refermant la fenêtre d'un mouvement sec (clac !) et en me tirant par le bras.

— Viens t'asseoir, Morgane.

Je m'installe à côté d'elle sur son lit et je fronce les sourcils, soucieuse. Qu'est-ce qui se passe ? Et qu'est-ce que ça veut dire, l'état d'urgence ? Personne n'a explosé, que je sache ! Qu'y a-t-il de si grave pour que Tom et Eddy prennent le risque de se casser une jambe en grimpant à… à quoi, au juste ? Comment s'y sont-ils pris pour atteindre le deuxième étage de l'immeuble ? J'étire le cou pour essayer de voir s'il y a une échelle, un trampoline ou même une nacelle à proximité, mais je suis trop loin pour apercevoir quoi que ce soit. Finalement, Anna nous fait une révélation-choc :

— Greg m'a trompée, annonce-t-elle, les larmes aux yeux.

— Quoi ?

Thomas et moi avons crié en même temps. De son côté, Eddy s'est empressé d'allumer son téléphone.

— *Wait**, Anna ! articule-t-il, les yeux ronds. C'est de l'info de premier ordre, et j'ai promis à Roméo de le texter en simultané. Il ne veut rien manquer de notre réunion. *Just a minute…*

Ma tête a un mouvement de recul.

— Eddy !

— Hum ? demande-t-il distraitement.

— Eddy ! Anna a le cœur brisé ! Est-ce qu'on peut se concentrer sur elle, s'il te plaît ?

— Oui. *One more second… OK. I'm good !*** Roméo est avec nous !

Je lance un coussin dans le visage d'Eddy (sérieux, il doit faire preuve d'un peu plus de compassion, là !), et pose une main sur l'épaule de mon amie.

— Qu'est-ce qui s'est passé ?

* ***Wait !*** - Attends !

** ***One more second... OK. I'm good !*** - Encore une seconde... OK. C'est bon !

Anna s'essuie les yeux avec les doigts et lisse ses cheveux nerveusement avant d'expliquer :

— C'est affreux ! Heidi m'a téléphoné tout à l'heure. Apparemment, Rebecca lui aurait texté que Keven aurait lu sur Facebook que Yohan avait vu Greg embrasser Léonie avant les cours, ce matin.

Je secoue la tête, incapable de mettre de l'ordre dans tout ça.

— Peux-tu répéter ça plus lentement ?

— Heidi m'a téléphoné pour me dire que…

— Greg a embrassé *another girl**? lâche Eddy, soudainement révolté. Tu parles d'un salaud ! Attends que j'écrive ça à Roméo !

Et il se met à taper sur son clavier, le visage sombre. Pendant ce temps, Thomas pose les coudes sur ses genoux et cherche à obtenir plus d'information.

— Es-tu sûre de ça ? demande-t-il, hésitant. Je veux dire… On devrait peut-être vérifier si tout ça est vrai avant de traiter Greg de tous les noms.

Eddy lève un doigt pendant qu'il lit le message de Roméo. Il dit ensuite :

— Roméo fait dire que Greg est bel et bien un salaud et… Attendez, il m'envoie une photo… Oh !

* ***Another girl*** – Une autre fille.

— Quoi ? Qu'est-ce qu'il y a ? demande Thomas en s'approchant d'Eddy pour regarder. Oh !

Je me lève, dévorée par la curiosité.

— Oh !

L'image ne ment pas. Greg est bel et bien en train d'embrasser Léonie !

— Ça suffit ! s'écrie Anna, impatiente, en bondissant sur ses pieds pour arracher le téléphone des mains d'Eddy. Qu'est-ce qu'il y a sur cette photo ? Oh !

Anna écarquille les yeux, laisse tomber le cellulaire au sol et fond en larmes sur son lit, les cheveux à moitié dans le visage et les genoux repliés. Je me précipite à ses côtés pour la consoler et baragouiner toutes les paroles insensées qu'on dit à quelqu'un qui se fait tromper.

— Il ne te mérite pas, Anna, dis-je en poussant une mèche blonde derrière son oreille. Tu vaux beaucoup mieux que lui. Ne t'en fais pas, tu vas vite l'oublier.

Mais je sais bien que ça ne sert à rien. Anna n'a pas besoin d'encouragements, en ce moment. Elle aimerait mieux m'entendre dire à quel point Greg est un imbécile qui ne mérite pas de vivre. Mais je ne me rabaisserai pas à faire ce genre de commentaires.

— Greg est un imbécile qui ne mérite pas de vivre ! s'écrie Eddy en récupérant son téléphone. Et Roméo fait dire qu'on peut lui régler son compte, ajoute-t-il après avoir lu le message de son amoureux.

— Personne ne va régler son compte à personne, voyons ! dis-je, un peu effrayée par la réaction de mes amis. (Le penser, c'est une chose ; le dire à voix haute, c'en est une autre !)

— Exact ! riposte Thomas. Parce que Greg n'y est pour rien dans cette histoire.

Quoi ? Le commentaire de Thomas est si surprenant que tout le monde arrête de bouger. Eddy cesse de taper sur son écran, Anna retient ses sanglots et moi, je tourne la tête vers Thomas, estomaquée.

— Je viens de lui écrire, nous apprend-il en pointant son cellulaire. Je lui ai demandé pourquoi il t'avait trompée, Anna.

— Et ? fait mon amie en se redressant, le visage gonflé de chagrin.

— Et il m'a répondu qu'il n'avait jamais été question d'exclusivité entre vous deux.

— Ce qui veut dire ?

— Ben, en gros, ça veut dire que vous avez le droit d'aller voir ailleurs, précise Thomas en haussant les épaules.

— Quoi ? dis-je, révoltée ! Greg n'est pas sérieux ? C'est tout le contraire d'un couple ! Tu ne peux pas laisser passer ça, Anna !

Je tourne la tête vers mon amie qui se frotte le front avec la main, chamboulée. Puis, elle se lève, ouvre la porte de notre chambre et pointe le corridor.

— Allez-vous-en, marmonne-t-elle, les yeux luisants.

Thomas, Eddy et moi, on se regarde, un peu perplexes. Euh, Anna met-elle vraiment tout le monde à la porte ? C'est ridicule (et un peu extrême) comme réaction ! Eddy parle le premier :

— *Come on,* Anna, dit-il en désignant la porte. On ne peut pas sortir par là, Poilue va nous voir. En plus, on vient juste d'arriver. C'est toi qui nous as demandé de venir ici, je te ferai remarquer.

— J'ai changé d'idée, articule mon amie, impassible. Je ne veux plus vous voir. Partez. Tout de suite.

Elle ne peut pas être sérieuse.

— J'ai dit allez-vous-en ! répète-t-elle un peu plus fort. J'ai besoin de faire le point. Toute seule ! *Go !*

— Voyons, Anna, dis-je, à la défense de mes amis. Thomas et Eddy ne peuvent pas sortir par la porte, on va tous se faire renvoyer. Laisse-leur au moins le temps de repartir par la fenêtre.

— OK. Mais faites ça vite. Toi aussi, tu t'en vas, Morgane.

Cette fois, elle pousse un peu.

— Mais heu... C'est ma chambre !

— Je m'en fiche. Je veux être seule. Va chez Eddy. Va chez Thomas. Va dormir sur le banc d'un parc, je m'en fiche. Je ne veux plus te voir ici.

Je croise les bras en signe de protestation. C'est absurde ! Total absurde ! Évidemment, Thomas saisit la chance qui lui est offerte :

— Tu peux venir chez moi si tu veux. Mes parents ne sont pas là.

Mon regard suffit à lui faire comprendre qu'il est hors de question que je passe la nuit chez lui. De toute façon, je n'ai pas à m'en aller. Si Anna veut être seule, qu'elle retourne chez elle. Non, mais c'est vrai ! Rien ne l'oblige à rester ici. Ce n'est pas elle, l'orpheline de maison dans cette ville, c'est moi ! Je crois qu'elle se fait la même réflexion, parce qu'elle finit par fermer la porte de notre chambre. Puis, sans dire un mot, elle agrippe son manteau, enfile ses bottes et ouvre la fenêtre d'un geste brusque.

— Qu'est-ce que vous attendez pour m'aider ? demande-t-elle avec mauvaise humeur.

Cinq minutes plus tard, les garçons sont partis, Anna est partie, et je me retrouve seule dans ma chambre, grelottante (il fait froid, dehors !), et perturbée.

Qu'est-ce qui vient de se passer, au juste ?

CHAPITRE 8

Amour et fidélité

Moi : Hé, les gars ! Quelqu'un a des nouvelles d'Anna ?

Eddy : *Nope !*

Roméo : Moi non plus.

Tom : Rien de mon côté.

Moi : J'ai appelé chez elle. Rien. Je l'ai textée. Rien. J'ai laissé plein de messages sur son cell. Rien.

Eddy : As-tu essayé Facetime ?

Moi : Elle ne répond pas.

Roméo : Et Skype ?

Moi : Non plus.

Tom : Il te reste le langage des signes.

Roméo : Et le code morse.

Eddy : Et les signaux de fumée.

Moi : Ce n'est pas le moment de rire, les gars ! Sérieux, Anna a besoin de nous. On n'a pas eu de ses nouvelles depuis vendredi !

Tom : Tu veux que je passe la voir ?

Moi : Tu ferais ça ?

Tom : Pour toi ? N'importe quoi ! ♥

Moi : Je ne veux pas que tu le fasses pour moi, mais pour Anna. C'est elle qui a besoin de ses amis, en ce moment.

Tom : Faux. Tu as besoin de moi, toi aussi. C'est juste que tu ne le sais pas encore.

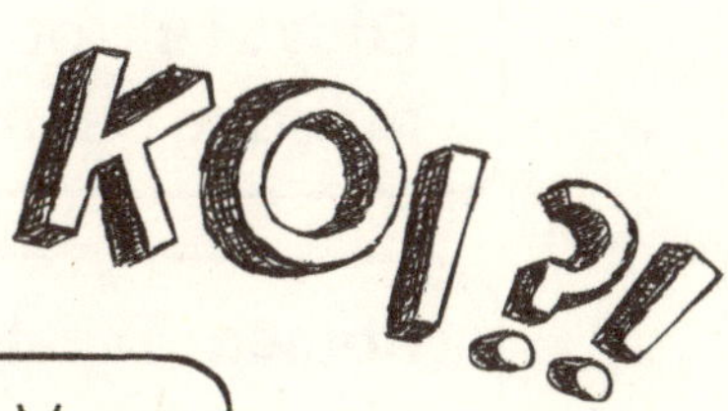

Roméo : C'est bon, les amoureux ! Vous réglerez vos problèmes en privé !

Moi : On n'est pas des amoureux !

Tom : Pas encore, mais je travaille là-dessus.

Eddy : Laisse-les faire, Roméo. *It's cute**.

Roméo : Tu trouves ça *cute* de les voir étaler leur vie privée devant tout le monde ? Ça ne me surprend pas de toi.

Eddy : *What do you mean ?***

Roméo : Ce que je veux dire ?

Roméo : Je veux dire que tu n'as pas trop tendance à être discret ces temps-ci.

Eddy : Tu trouves que je manque de discrétion ?

Roméo : Totalement. Je ne suis pas sûr que la grande communauté de Facebook tienne à savoir ce qu'on fait ensemble à chaque minute de notre vie.

Eddy : Tu exagères !

* ***Cute*** – Mignon, charmant.
** ***What do you mean ?*** – Qu'est-ce que tu veux dire ?

Roméo : Ah oui ? Tous mes amis savent qu'on a regardé un film chez toi hier soir. #Iamscared ! #Filmdhorreur ! #Heureusementquemonchumest làpourmerassurer !

Hi ! Hi !

Moi : Votre photo était super belle. Jolies chaussettes, en passant, Roméo !

Moi : Oh ! Eddy, j'ai bien aimé quand tu as publié la liste des choses qui te tapent le plus sur les nerfs dans ta vie de couple. Est-ce que Roméo a vraiment l'habitude de renifler sa nourriture avant de la manger ?

Eddy : *Yes !* Tu n'as pas idée à quel point ça m'exaspère ! *It's so creepy !**

Tom : Pourquoi tu sens ta nourriture, Roméo ? Tu as peur de t'empoisonner ? LOL !

Roméo : Ça suffit, tout le monde ! Tout ça, c'est entre Eddy et moi. Un peu de respect pour notre vie privée, d'accord ?

* ***It's so creepy !*** – C'est tellement bizarre !

Roméo : Et toi aussi, Eddy !

Eddy : OK. Je vais faire un effort.

Moi : Hé ! Je vous laisse, les gars. Anna vient d'arriver !

Moi : Elle est en vie !

Eddy : Tu nous tiens au courant ?

Moi : Promis !

Moi : Essayez de ne pas vous entre-tuer pendant ce temps-là !

Mon téléphone se retrouve dans le fond de ma poche le temps de le dire et je me précipite à l'entrée de notre chambre pour serrer Anna dans mes bras.

— Tu m'as fait une de ces peurs ! dis-je en lui frottant le dos bien fort. Pourquoi tu ne répondais pas à mes messages ?

— J'avais besoin de faire le point, répond-elle en me rendant mon câlin.

Anna retire ses bottes et son manteau, et les range dans notre petit placard. Ses joues sont rouges. Ses cils sont couverts de givre. On dirait qu'elle a marché pendant des heures.

— Tu es venue à pied ?

— Oui. J'avais besoin de prendre l'air, m'explique-t-elle en se frictionnant les mains pour les réchauffer. Ça fait du bien.

Pendant qu'Anna s'assoit par terre, le dos appuyé au montant de son lit, je verse de l'eau dans ma petite bouilloire et nous prépare une assiette avec des craquelins et des morceaux de fromage. Anna a l'air ailleurs. Elle fixe les affiches de Lady Gaga collées sur mon mur sans cesser de se masser le front avec le pouce et l'index, la tête légèrement penchée sur le côté.

— Je suis allée voir Greg, hier soir, m'apprend-elle enfin.

— C'est vrai ? Qu'est-ce qu'il a dit ?

— Il m'a expliqué pourquoi il avait embrassé Léonie. Et tu sais quoi ? Ça se tient.

— Pardon ?

J'ai sûrement mal entendu, parce que dans ma tête à moi, rien ne peut justifier un tel comportement. Rien ! Je dépose l'assiette au sol et m'agenouille en face d'Anna, pressée d'entendre la suite.

— Thomas avait raison, déclare-t-elle sans sourciller. Greg a le droit d'aller voir ailleurs.

— Hein ? Qu'est-ce que tu racontes ?

— C'était mon erreur de croire qu'on devait être fidèles. Maintenant qu'on a mis les choses au clair, je sais à quoi m'attendre.

— Euh… OK. Et dis-moi… À quoi dois-tu t'attendre, au juste ?

— À une relation libre et ouverte, m'explique Anna en esquissant un sourire.

— Libre ? Et ouverte ? Comme dans le temps de nos grands-parents ? *Peace and love* ? Ne me dis pas que tu prends de la drogue, Anna !

— Hein ? Bien sûr que non, voyons ! Et c'est quoi cette histoire de *Peace and love* ? Je ne comprends rien à ce que tu racontes ! De toute façon, c'est entre Greg et moi. Il a le droit de fréquenter qui il veut et moi aussi.

— Donc, s'il a envie d'embrasser une autre fille que toi…

— Il peut se laisser aller. Même chose pour moi. Si je croise un gars qui me plaît, je suis libre de… de passer du temps avec lui sans que ce soit un problème.

Bout de luzerne ! J'ai tendance à être assez ouverte d'esprit, dans la vie, mais cette idée, c'est de la folie pure et simple. Et Anna ne semble pas plus emballée que moi, à en juger par son air renfrogné.

— Es-tu à l'aise avec ça, Anna ?

— Ben… Je vais m'y faire, articule-t-elle en enroulant une mèche de cheveux autour de son index. Je veux dire… Je n'ai pas trop le choix, non ?

— Qu'est-ce que tu racontes ? Bien sûr que tu as le choix !

— Pas si je veux continuer à sortir avec Greg.

Je me retiens (de toutes mes forces) pour ne pas saisir mon amie par le collet et la secouer dans tous les sens. Pourquoi je me retiens ? Parce que ce ne serait pas très gentil (et un peu trop violent), mais surtout, parce que ce n'est pas la bonne stratégie à employer avec Anna. Elle serait du genre à me repousser et à s'enfermer dans un monde imaginaire rempli de fées et de bestioles aux ailes scintillantes. Elle est comme ça, Anna. Toujours à voir le côté merveilleux des choses. Mais là, argh ! Je ne sais pas ce qui lui prend ! L'amour l'aveugle-t-il au point qu'elle ne réalise pas que c'est de la folie ? Est-ce réellement possible ?

Incapable de demeurer assise, je me lève pour éteindre ma bouilloire. Lentement, sans me presser (et en prenant le temps de bien respirer), je nous verse une tasse d'eau chaude à chacune. Je vais y arriver. Je vais réussir à la raisonner. On va discuter, elle va écouter mon point de vue, et elle va finir par comprendre que tout cela n'a pas de sens.

Quand je viens me rasseoir près de mon amie, je me sens un peu plus calme. Anna accepte la tasse que je lui tends, retrousse le nez en posant les yeux sur le sachet de tisane qui infuse à l'intérieur et marmonne, la voix rauque :

— J'ai bien réfléchi, et je suis prête à faire un essai. Je veux dire… Je sais que ce n'est pas l'idéal, mais j'aime Greg et je sais que ça vaut la peine de faire un effort.

Encore une fois, je me force à respirer un grand coup. Relaxe, Morgane, relaxe !

— Tu ne devrais pas mettre tes principes de côté pour les beaux yeux d'un garçon, Anna, lui dis-je doucement. Au contraire. Tu dois apprendre à te respecter.

— Je me respecte, Morgane, réplique-t-elle d'un ton convaincant. En fait, je respecte tellement les sentiments que j'éprouve pour Greg que je n'ai pas peur des compromis. Et tu sais quoi ? Je pense que c'est ça, le véritable amour.

OUF !
ÇA RISQUE D'ÊTRE PLUS
DIFFICILE QUE PRÉVU !

Effectivement. Anna est convaincue qu'elle prend la bonne décision. Je ne vois pas comment je pourrais la raisonner.

ESSAIE LA VISUALISATION.

La visualisation ? Tu parles d'une idée ! On n'est pas en séance de méditation. Oh ! Je comprends ce que tu veux dire !

— Ferme les yeux, Anna, fais-je en posant une main sur un de ses genoux. C'est bon ? Tu ne vois rien ? Parfait. Maintenant, imagine qu'on marche toutes les deux dans les couloirs de l'école. La vie est belle. On est heureuses. On vient de terminer un examen et là, on s'apprête à aller manger. Tu peux voir ça ? (Hochement de tête.) Parfait. On arrive à l'agora. C'est bondé de monde. Roméo et Eddy sont encore en train de se disputer et juste à côté d'eux, près du babillard, on aperçoit Greg en train d'embrasser l'une des plus belles filles de l'école. Comment réagis-tu ?

Anna cesse de respirer. Les traits de son visage se crispent. Elle ouvre les paupières et marmonne :

— Je commence par changer de pièce, le temps de me faire à l'idée.

— C'est bien, ça. Très, très bien.

— Ensuite, ajoute-t-elle avec conviction, j'essaie de trouver quelqu'un à embrasser, moi aussi.

— Hein ? Quoi ? Non !

— Je me dirige vers Hubert. Il ne me lâche pas d'une semelle depuis quelques semaines, alors aussi bien en profiter !

— Hubert ? Hubert, le fils du directeur ? Tu ne penses pas sérieusement à l'embrasser ?

— Pourquoi pas ?

— Parce que tu le détestes, Anna !

— Ah oui ! C'est vrai. J'embrasserais quelqu'un d'autre, dans ce cas. Ce n'est pas le choix qui manque dans cette école.

Cette conversation est tellement insensée que j'ai l'impression qu'elle n'est pas réelle. Où est passée la véritable Anna ? L'amoureuse, la romantique, la passionnée ? Celle qui aime les soirées en tête à tête et les soupers aux chandelles ? Celle qui rêve de mots doux, de tendres baisers et de frissons ? La fille qui est assise devant moi est tellement molle, tellement dépourvue de jugement et de bon sens que je ne la reconnais plus.

— C'est quoi, votre plan, pour la Saint-Valentin ? dis-je, un peu découragée. Vous allez inviter toutes les personnes que vous avez embrassées à passer la soirée avec vous ?

— Bonne question ! fait Anna en s'emparant de son cellulaire. Le quatorze février approche, je devrais demander à Greg ce qu'il veut faire.

Et voilà, je viens de disparaître. Anna ne me voit plus, ne m'entend plus, ne se rappelle même plus qui je suis. Elle est seule au monde avec Greg (et son téléphone). Découragée, je ramasse l'assiette (intacte) qui traîne sur le sol, de même que nos deux tasses à moitié remplies d'infusion à la mélisse. Quel gaspillage! Je dépose le tout dans le frigo et m'installe devant mon ordinateur, soudainement inspirée.

Le *No Name* me sert de plus en plus souvent d'exutoire, ces temps-ci. Il me permet d'évacuer mes frustrations et de traiter de sujets qui me touchent (et qui, par le fait même, touchent bien des jeunes de cette école). Je commence donc à rédiger un article légèrement lié (OK... J'avoue... TRÈS lié) à ce qui vient de se passer entre Anna et moi (et Greg).

Mais pour aller au fin fond des choses, j'ai besoin d'un sondage fiable. Je compose donc une série de questions et me dirige vers le local du journal pour imprimer le tout. Ensuite, je me rends dans la salle de repos pour tâter le pouls des élèves, ce qui me permet ensuite de pondre un article hyper intéressant. Le voici:

SPÉCIAL ~~SAINT-VALENTIN~~

Le *No Name !*

Édito

Chaque année, en février, c'est la Saint-Valentin. C'est l'occasion de fêter notre amour, d'être romantique et de dire «je t'aime», encore et encore. Est-ce une bonne ou une mauvaise chose, selon vous?

Les gens qui sont en couple répondront: «C'est tellement merveilleux! Et romantique! Et magique!»

Les célibataires diront: «Cette fête ne sert à rien!»

Et malheureusement, tous ceux qui n'ont pas un sou en poche (c'est-à-dire la moitié des élèves de cette école) diront: «Je veux bien, mais ça coûte tellement cher!» Et vous savez quoi? Ils ont raison! Cette fête peut nous coûter la peau des fesses si on décide de se donner à fond.

Je sais que vous vous attendiez à un numéro spécial sur l'amour: il aurait pu être question de romantisme, de sorties de couple originales, de cadeaux appréciés et de mots d'amour poétiques, mais ce n'est pas le cas! Pourquoi? Parce qu'on a parlé d'amour si souvent dans le *No Name* depuis le début de l'année qu'on a fait le tour du sujet. Alors, si vous êtes en manque d'inspiration pour cette soirée (qui arrive à grands pas, je vous ferai remarquer), je vous invite gentiment à fouiller sur le Net. Il y a des tas et des tas d'articles sur le sujet. Conseils beauté, conseils *relooking*, conseils coiffure ; bref, tout le tralala habituel.

Maintenant, je sais ce que vous vous dites. Vous vous demandez de quoi il sera question dans cette édition du journal, c'est ça ? Eh bien voilà. Je vais vous entretenir d'un sujet qui me tient particulièrement à cœur : la fidélité. Que ce soit en amour ou en amitié, la fidélité est l'une des valeurs les plus importantes à mes yeux. Et vous ? Qu'en pensez-vous ? J'ai fait un petit sondage maison en circulant dans les couloirs de l'école, et voici ce que les 50 élèves interrogés pensent de la fidélité.

47 élèves sur 50 estiment qu'embrasser quelqu'un d'autre, c'est tromper son ou sa partenaire ;

35 élèves croient qu'envoyer des textos remplis de bisous est une forme d'infidélité ;

20 élèves considèrent qu'on devrait chasser complètement les autres de notre esprit quand on est en couple ;

10 élèves pensent que mentir à son ou sa partenaire est une forme de tromperie ;

25 élèves se disent qu'un geste d'infidélité est la preuve que ça ne va pas super bien dans ton couple.

Maintenant, poussons un peu plus loin. Jusqu'où les élèves de cette école ont-ils été infidèles ?

50 % des répondants ont déjà *pensé à quelqu'un d'autre* en embrassant leur partenaire ;

35 % ont réellement embrassé quelqu'un d'autre alors qu'ils étaient en couple ;

20 % des garçons ont avoué avoir été infidèles, contre 18 % des filles ;

Seulement 10 % des répondants croient qu'il est possible d'être fidèle à la même personne toute sa vie.

J'ai aussi voulu connaître leurs réactions face à l'infidélité.

96 % se sentiraient profondément blessés si leur partenaire leur était infidèle ;

80 % d'entre eux mettraient fin à la relation sur-le-champ ;

16 % choisiraient de laisser une seconde chance à leur amoureux ou leur amoureuse ;

4 % feraient comme s'il ne s'était rien passé.

Êtes-vous étonnés des résultats? Personnellement, j'en suis profondément choquée! N'allez pas croire que je vous juge, mais pour être honnête, je croyais que notre génération avait un peu plus de respect et de considération pour l'être aimé. Le respect et la confiance, c'est la base d'une relation de couple. Comment peut-on y arriver, autrement? Je vous laisse y réfléchir. **En attendant, j'ai récolté quelques anecdotes qui prouvent que l'infidélité, ce n'est pas bon pour le moral (ni pour le couple).**

Je sortais avec mon chum depuis deux mois (appelons-le Titi afin de préserver son anonymat). Un jour, il m'a présenté un de ses amis (ci-nommé Coco pour les besoins de la cause), et j'ai tout de suite eu des papillons dans le ventre. Il était tellement beau! Tellement drôle! Évidemment, j'ai fait semblant de rien, mais dès que j'embrassais Titi, je pensais à Coco. Je me sentais un peu coupable, mais en même temps, ça ajoutait un peu de piquant à ma relation... Jusqu'à ce que je me trompe de nom en embrassant mon chum. **Résultat: je suis célibataire depuis ce temps-là! Bravo, championne!**

Pendant les vacances de Noël, j'ai appris que ma mère trompait mon père avec son meilleur ami (en fait, je les ai carrément surpris en train de s'embrasser dans le garage, le soir du réveillon). Elle m'a fait jurer de n'en parler à personne, alors je traîne ce terrible secret avec moi depuis lors. Je sais que je devrais en parler à mon père, mais j'ai tellement peur que mes parents se séparent que je suis incapable de faire quoi que ce soit. **L'infidélité, ça craint!**

CHAPITRE 9

Expéditeur inconnu

CHAPITRE 9

Aujourd'hui, on a eu droit à un samedi très ensoleillé et surtout, très froid. J'en ai profité pour faire mes devoirs, étudier pour mon examen d'anglais et cuisiner un peu avec maman. Maintenant qu'elle regarde son émission préférée à la télé, je fais le tour de l'actualité Facebook, assise sur ma chaise berçante préférée ; Fripouille est bien endormi sur mes genoux.

La moitié de la planète se plaint des conditions météorologiques (je ne vois pas à quoi ça sert, on ne peut rien y changer de toute façon), tandis que l'autre se demande ce qu'elle fera le soir de la Saint-Valentin. Personnellement, je me fiche un peu de savoir comment je vais occuper mon vendredi. C'est un soir comme les autres, non ? Je sais qu'Anna n'a rien de prévu (Greg sera au ski avec ses parents, finalement), alors je me dis qu'on pourrait se faire une soirée cinéma, toutes les deux. Oui, c'est une bonne idée ! Je m'apprête à lui écrire quand je reçois un message de Thomas :

Tom : Salut, Morgane. Comment ça va ?

Tom : En forme ? Heureuse ?

Tom : J'avais envie de parler un peu, alors me voilà !

Un sourire se dessine sur mes lèvres. Sacré Thomas ! Il n'abandonne pas ! Je ne le dirais jamais à voix haute (surtout pas devant lui !), mais j'admire sa ténacité. Il fait ça de plus en plus souvent : il m'écrit, me raconte sa journée et s'informe de la mienne sans rien attendre en retour. La plupart du temps, j'ignore ses messages (ou j'attends qu'il ait terminé de les taper pour les lire d'une traite), mais aujourd'hui, je suis d'excellente humeur. Je jette un coup d'œil à maman – elle a les yeux rivés à l'écran, une main plongée dans son plat de pop corn – et je caresse Fripouille du bout des doigts en regardant défiler les messages de Thomas.

Tom : Tu veux savoir ce qu'il y a de neuf de mon côté ? Ah ! C'est gentil de t'informer ! ☺

Hi ! Hi !

Tom : Je suis à l'hôtel, en ce moment, pour mon tournoi de hockey. On a gagné notre partie de ce matin, alors on rejoue ce soir.

Tom : Oui, je sais que tu es fière de moi ! Merci !

Tom : Tu sais quoi ? J'aimerais bien que tu viennes me voir jouer, un de ces jours. Ça m'encouragerait de savoir que tu es dans les estrades.

Tom : Je suis sûr que tu finirais par aimer ça, le hockey.

Tom : As-tu prévu quelque chose pour la Saint-Valentin ? Non ? Parfait ! Je t'invite à souper.

Tom : Chez moi.

Tom : Je vais cuisiner.

Tom : Je te promets un menu sans steak et sans bacon. ☺ (Et sans sandwich écrasé glissé sous une porte.)

Tom : Quoi ? Tu penses que je n'y arriverai pas ? Je suis prêt à relever le défi. Je peux même suivre des cours de cuisine juste pour toi. Bon, ça ne me laisse pas beaucoup de temps d'ici vendredi, mais je te promets de faire de mon mieux.

Tom : En plus, j'ai une surprise pour toi.

Tom : Tu n'en reviendras pas ! C'est la plus belle surprise au monde. La plus incroyable. La plus spectaculaire. Crois-moi, tu vas être heureuse, Morgane !

Tom : Qu'est-ce que tu en dis ? C'est un rendez-vous ?

Tom : Tu n'es pas obligée de répondre tout de suite.

Tom : Prends ton temps.

Tom : Oups ! Je dois y aller, le coach veut nous parler.

Tom : Bonne fin de soirée, Morgane !

Tom : Souhaite-moi bonne chance !

Tom : Je pense à toi. (Et j'attends de tes nouvelles.)

Tom : *Laila Tov.* xxx

J♥TDR

Les efforts de Thomas me vont droit au cœur. Roméo avait raison. Il est en train de changer. Pour le mieux. Je ne suis pas prête à lui faire entièrement confiance ni à passer le soir de la Saint-Valentin avec lui (une étape à la fois, quand même !), mais c'est un début très prometteur, je trouve. Pour la première fois depuis des semaines, je me dis qu'il nous sera peut-être (je dis bien *peut-être*) possible de construire quelque chose (avec le temps). Ce qui me fait peur, c'est que Thomas est imprévisible. Il risque de changer d'idée demain matin. Il serait même capable de se mettre à sortir avec deux filles en même temps.

UN PEU COMME GREG, FINALEMENT !

Oui, eh bien ! justement, j'aimerais avoir une petite discussion avec Anna à ce sujet. On n'a pas eu le temps de faire le tour de la question, toutes les deux. Je suis son amie, alors j'ai le droit de l'agripper par la peau du cou et de la remettre dans le droit chemin. Anna a besoin de mes conseils et de mes lumières. Tiens, en parlant du loup.

Anna : Salut, miss !

Moi : Salut ! J'allais justement t'écrire.

Moi : Proposition : cinéma. Toi et moi. Vendredi prochain.

ALLÔ !

Anna : Pour la Saint-Valentin ? Tu ne vas pas chez Thomas ? Il m'a dit qu'il voulait t'inviter.

Moi : Oui, c'est fait.

Moi : Oh ! Attends, Anna. Mon téléphone sonne.

Anna : C'est qui ?

Moi : « Numéro inconnu. »

Anna : Encore ? Il me semble que ça arrive souvent, ces temps-ci.

Moi : Oui, je sais. Thomas est tenace. ☺

Anna : Je ne comprends pas. Pourquoi c'est écrit « numéro inconnu », si c'est Thomas ?

Hein ?

Moi : C'est une ruse. Il sait que je ne répondrai pas si je vois son numéro sur l'afficheur.

Anna : Bon, ben, qu'est-ce que tu fais ?

Moi : Rien.

Moi : Ça a raccroché.

Anna : Tant pis, alors.

Moi : Oh ! Ça recommence à sonner.

Moi : Je t'avais dit qu'il était tenace ! ☺

Anna : Tu devrais répondre, Mo. C'est peut-être important.

Moi : Tu penses ?

Moi : OK.

Moi : Mais c'est seulement pour te faire plaisir.

CHAPITRE 9

Maman s'empare de la télécommande de la télévision et met son émission sur pause en poussant un énorme soupir. OK, j'ai compris. La sonnerie de mon téléphone la dérange. Je lui fais signe que je n'en ai pas pour longtemps : je n'ai pas l'intention de m'éterniser.

— Allô ?

Pas de réponse.

— Tu peux parler, Thomas. Je sais que c'est toi.

Toujours rien.

— C'est bon, Tom, dis-je, en roulant les yeux. Arrête de m'appeler, maintenant, OK ?

Je ne sais pas pourquoi il refuse de me parler, mais je sais qu'il est là, je peux entendre sa respiration. Elle est étouffée, comme s'il avait la main posée sur le combiné pour s'assurer de ne pas faire trop de bruit. Tant pis pour lui, je raccroche.

Moi : Suis de retour.

Anna : Et puis ?

Moi : Il n'a pas dit un mot.

Hein ?

Anna : Tu es sûre que c'était lui ? C'était peut-être un vendeur.

Moi : Un vendeur de quoi ?

Anna : Je ne sais pas, moi. Un vendeur d'assurances. Ou de journaux. Ou de voyages. Oh ! Ce serait cool, un voyage ! Je partirais bien deux semaines à Paris, la ville la plus romantique au monde !

Moi : Tu sais, les vendeurs ont tendance à parler aux clients, Anna. Difficile de vendre un truc sans ouvrir la bouche.

Anna : Oui, j'imagine !

Hi ! Hi !

Anna : Bon ! Revenons à notre sujet le plus intéressant.

Anna : Vas-tu accepter l'invitation de Thomas pour la Saint-Valentin ?

Moi : Non. Je vais laisser couler.

Anna : Pourquoi ?

Moi : Tu sais très bien pourquoi.

Anna : Allez, Morgane. Tu ne trouves pas que ton petit jeu a assez duré ?

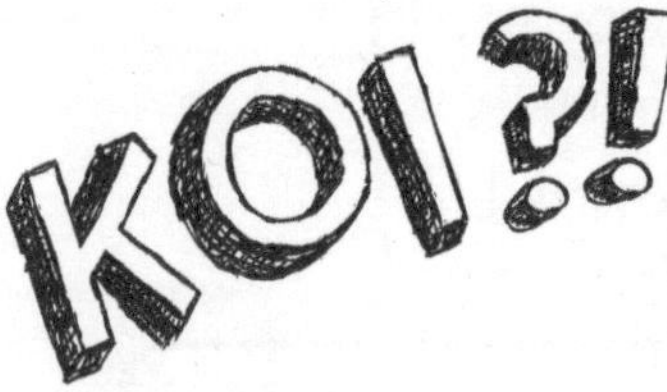

Moi : Mon jeu ? Quel jeu ?

Moi : Je ne joue à aucun jeu !

Anna : Je te trouve très dure avec Thomas. On dirait que tu fais tout pour le blesser.

Moi : Tu n'as pas compris. Je ne cherche pas à le blesser, je cherche à me protéger.

Anna : Te protéger de quoi ? De toutes les belles attentions qu'il a pour toi depuis des semaines ? De ses sourires ? De ses messages ? De son amour ?

Anna : Il t'a dans la peau, Mo ! Réalises-tu à quel point tu es chanceuse ?

Anna : Je donnerais n'importe quoi pour qu'un gars fasse ça pour moi !

Mon cœur se serre. Je glisse mes doigts dans la fourrure chaude et réconfortante de Fripouille et réponds à mon amie :

Moi : Tu sais, tu ferais peut-être mieux de mettre un terme à ta relation avec Greg si ça ne te rend pas heureuse.

Anna : Et toi, tu devrais laisser une chance à Tom. Il a tout ce qu'il faut pour te rendre heureuse.

Moi : Je ne sais pas...

Anna : C'est vrai, tu ne sais pas. Et tu ne le sauras jamais, à moins d'essayer.

Anna : Ma psy dit toujours qu'on doit être ouverts aux nouvelles expériences. Qu'elles risquent de nous rendre plus forts. Plus solides.

Anna : Enlève quelques pierres à ta Grande Muraille, Morgane. Fais une petite place à Thomas dans ton cœur.

Moi : Je vais y penser.

Anna : Cool ! Alors ? Tu vas accepter son invitation ?

Moi : À ta psy ?

Anna : À Thomas ! Pour la Saint-Valentin !

Moi : Hum… Je ne sais pas. C'est un peu tôt pour un souper en tête à tête, je trouve. Ma proposition cinéma ne t'intéresse pas ?

Anna : Oui, peut-être. En tout cas, je n'ai pas envie de passer la soirée avec mon père.

Moi : Même chose pour moi. Ma mère n'arrête pas de dire qu'elle va finir sa vie célibataire. Que tous les hommes intéressants sont déjà pris. Qu'elle se fait vieille, que personne ne voudra d'elle ; bref, elle est total déprimante.

Moi : Oh !

Anna : Oh !

Moi : Est-ce qu'on vient d'avoir la même idée ?

Anna : On dirait bien !

Moi : Appelle-moi !

Hi ! Hi !

Moi : Ça va être plus facile de régler les détails de vive voix.

Anna : Parfait ! C'est excitant, tu ne trouves pas ?

Moi : Tellement !

CHAPITRE 10

Coup(s) monté(s)

CHAPITRE 10

Planifier une soirée pour nos deux parents a été plus facile que prévu. Je m'attendais à ce que ma mère refuse catégoriquement (elle n'a jamais apprécié les rendez-vous organisés), mais elle m'a répondu que l'idée était excellente et qu'elle avait bien envie de revoir le père d'Anna. Il faut dire que je l'ai légèrement manipulée en usant d'un stratagème ultra-efficace : j'ai attendu d'être de retour à la résidence et je lui en ai parlé par textos. Qu'est-ce que ça change ? me demanderez-vous. Tout ! Maman se sent tellement coupable quand je suis loin d'elle qu'elle a tendance à dire oui à presque toutes mes demandes (tant que je n'abuse pas, évidemment).

Moi : Tu es d'accord ?

Maman : Pourquoi pas ? François est très gentil, Morgane. Et j'ai hâte de savoir ce qu'il a pensé de l'article que je lui ai envoyé par mail.

Moi : Hein ? Un article ? Quel article ? À propos de quoi ?

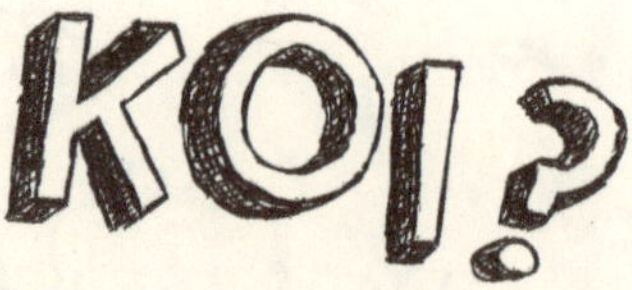

Moi : Depuis quand vous vous écrivez tous les deux ?

Maman : Bah ! Ça fait un petit moment. Depuis qu'Anna et lui sont restés à souper, l'autre soir.

Moi : Quoi ? Mais ça fait une éternité ! Pourquoi tu ne m'en as pas parlé ?

Maman : Il n'y a pas grand-chose à dire. On s'entend bien, c'est tout.

Moi : Wow ! C'est vraiment cool !

COOL!

Moi : Tu dois avoir hâte de le revoir, dans ce cas !

Moi : On va passer une super soirée tous les quatre.

Moi : Si tu veux, Anna et moi, on peut vous laisser tranquilles après le souper (au cas où il se passerait des trucs que je ne veux pas voir).

Moi : Tu vois ce que je veux dire ? 😉

Moi : Smack ! Smack ! Smack ! 😘

J'TDR

Moi : ❤❤❤

Moi : Qu'est-ce que tu en dis ?

Maman : J'en dis que tu as un peu trop d'imagination, ma fille.

Moi : Mais tu aimes bien François, non ?

Maman : Je l'apprécie, c'est vrai.

Moi : Et tu le trouves beau, hein ?

Maman : Il est assez bel homme, en effet.

Moi : Alors, je vais me croiser les doigts pour que ça marche. Je te tiens au courant des détails, d'ac ?

Maman : Parfait. Bonne journée, ma colombe. xxx

Moi : Toi aussi ! xxx

Hi ! Hi ! Hi !

C'est ainsi que ça s'est conclu. Rapidement et efficacement ! Je pensais devoir sortir ma liste d'arguments (ultra-longue et ultra-exhaustive) pour convaincre ma mère d'accepter notre proposition, mais ça n'a pas été nécessaire.

De son côté, Anna a eu un peu plus de mal avec son père (je crois qu'il hésite encore à sortir avec d'autres femmes… qui pourrait l'en blâmer ?), mais elle a insisté (et lui a sorti son regard piteux), et ça a fini par fonctionner.

Me voilà donc seule dans ma chambre à la résidence à attendre que maman vienne me chercher pour notre super soirée Saint-Valentin. Je me suis acheté un nouveau kit pour l'occasion : une jupe fleurie que je porte avec des bas qui montent jusqu'aux genoux, un chemisier en jeans et une variété d'accessoires super cool (un collier en bonbons, des boucles d'oreilles en forme de crayons et un nœud papillon avec les mêmes motifs que ma jupe).

Anna : Es-tu prête ?

Hi ! Hi !

Moi : *Yes*, madame ! Ma mère sera là dans quelques minutes. On vous rejoint dès qu'elle arrive.

Anna : OK. J'ai hâte !

Moi : Moi aussi ! Comment va ton père ? Pas trop nerveux ?

Anna : Tu veux rire ? Il est tellement nerveux qu'il est en train de passer le salon au peigne fin. Pour la troisième fois.

Moi : Comment ça, au peigne fin ? Il y a eu un meurtre chez toi et tu ne m'en as pas parlé ? Tu veux que j'appelle la police ?

Anna : Non, il veut que tout soit parfait.

Anna : Je te le dis ! Il est en train de virer fou ! Il a vérifié le niveau des cadres une dizaine de fois, déplacé le canapé un peu vers la droite, ensuite vers la gauche, et là, il vient de le rapprocher de la table.

Anna : Il est exaspérant.

Anna : Et il a la tête complètement ailleurs. Tu sais qu'il a mangé un bout de notre plante verte, tout à l'heure ?

Moi : Quoi ? Tu te moques de moi ?

Anna : Non, je te le jure ! Il était dans la cuisine, les coudes appuyés sur le comptoir. Au lieu de plonger la main dans le sac de chips, il a arraché une feuille de notre hibiscus et il l'a mangée ! Comme ça, sans même s'en rendre compte !

Moi : Yark ! Est-ce que c'est toxique, de l'hibiscus ?

Anna : Je ne crois pas. En tout cas, il est encore en vie.

Anna : Comme dit ma psy, « Il faut apprendre à lâcher prise sur les choses qu'on ne peut pas contrôler. »

Moi : Oui, mais en théorie, tu peux quand même empêcher ton père de manger la plante, non ?

Hi! Hi!

Moi : Tu lèves un doigt dans sa direction et tu dis : « Non, papa ! Manger la plante, c'est non ! »

Moi : Il va sûrement comprendre.

Anna : Le message de ma psy est plus profond que ça, Morgane. En fait, ça démontre que sa nervosité lui appartient. Je ne peux pas la vivre à sa place. Il doit apprendre à la gérer à sa façon.

Moi : En se remplissant l'estomac de chlorophylle ?

Anna : C'est pourtant bien ce que tu fais avec tes pousses de luzerne ! 😉

Moi : OK. Je veux bien laisser le bénéfice du doute à ta psy, mais préviens-moi si ton père prend une bouchée de rideau, OK ? On va annuler la soirée !

Anna : Promis ! Hi ! Hi ! 😄

Moi : Oh ! Ma mère arrive. On se voit tout à l'heure !

Anna : Yep !

Maman ouvre la porte de ma chambre de peine et de misère, les bras chargés de sacs d'épicerie. Elle m'a encore apporté plein de trucs à manger (yé !). Je m'empresse de l'aider, et constate qu'elle a acheté mes craquelins préférés (miam !) ainsi qu'une tonne de fruits et de légumes frais.

— Merci ! dis-je en déposant les sacs devant mon petit frigo. J'ai justement mangé ma dernière orange hier soir. Je n'av…

La suite de ma phrase reste suspendue à mes lèvres. Wow ! J'étais si absorbée par le contenu des sacs que je n'avais pas remarqué à quel point ma mère est belle. Son maquillage est soigné, sa coiffure est magnifique, ses ongles sont impeccables. Je ne vois pas ce qu'elle porte sous son long manteau, mais je suis sûre que c'est adéquat, ça aussi.

— Tu es superbe, maman.

— Merci, mais ce n'est pas grand-chose, déclare-t-elle en rougissant. C'est Carole qui m'a suggéré de pâlir un peu la couleur de mes mèches. Tu aimes ?

— C'est super beau ! Et c'est pour moi, tout ça, dis-je en levant l'index pour désigner l'ensemble de sa personne, ou c'est pour François ?

Maman pince les lèvres. Cette fois, son visage est écarlate. Je ne veux pas la mettre mal à l'aise, alors je m'approche, pose un baiser sur sa joue et lui murmure :

— Il va adorer. Tu es merveilleuse.

— C'est toi qui es merveilleuse, souffle-t-elle en m'enlaçant dans ses bras. Je suis chanceuse d'avoir une fille comme toi.

— Je sais.

Maman me pince la taille et j'éclate de rire. On prolonge notre câlin pendant quelques secondes (ses cheveux sentent bon, ses bras me font du bien), avant de finir par se lâcher.

Je comprends que maman soit stressée. Ça ne doit pas être facile de trouver l'âme sœur à son âge. Attention, là ! Je ne suis pas en train de dire que ma mère est vieille (tout le monde dit qu'elle paraît super jeune pour son âge, en plus !), c'est juste qu'avec le travail, la famille, et tout le tralala (bref, la vie !), ça ne doit pas être évident de rencontrer quelqu'un. Le père d'Anna est un homme super, alors j'espère sincèrement que la soirée se passera bien.

Pressée de partir, je range les achats de maman en vitesse. (Oh ! Des biscuits au gingembre biologiques ! Mes préférés !) Je cours me brosser les dents et je reviens aussitôt pour enfiler mon manteau et mes bottes. Dix minutes plus tard, nous arrivons chez Anna.

— Voilà, c'est ici, dis-je en pointant la maison au coin de la rue.

Maman lève un sourcil, stationne l'auto dans l'entrée et retire la clé de contact, abasourdie. Elle se penche vers l'avant, le menton bien appuyé sur le volant, et examine la maison (le palace) à la lueur des lumières extérieures.

— Bon sang, Morgane !

— Quoi ?

— Pourquoi tu ne m'as pas dit qu'ils étaient si riches ? demande-t-elle, d'une voix tourmentée.

— Parce que tu aurais refusé l'invitation.

— C'est clair ! Tu as vu cette maison ? Elle pourrait contenir quatre fois la nôtre !

— François a de l'argent, et alors ? dis-je, en haussant les épaules. On s'en fiche un peu, non ?

Maman hésite. Elle relève la tête et plante ses grands yeux inquiets dans les miens. J'ai l'impression que les rôles sont inversés et qu'elle s'est transformée en petite fille terrorisée. Je dois l'aider à se détendre.

— Il ne t'aurait pas invitée s'il n'avait pas envie que tu sois là. Rappelle-toi qu'il t'a déjà vue à moitié nue, dis-je en souriant. Je suis sûre que c'est ce qui l'a fait craquer.

Maman lâche un « hé ! » bien senti, étire le bras et me donne une claque derrière la tête. (Une toute petite claque, ne vous en faites pas. Inutile d'appeler la DPJ.) Puis, on éclate de rire. On se remémore ma mère qui sort de la salle de bain, une serviette autour de la taille, une autre autour de la tête, étonnée de constater qu'un homme est assis dans son salon, et ça nous fait rigoler. C'est lors de cette soirée-là que François et elle se sont rencontrés pour la première fois.

Quelques secondes plus tard, maman inspire à pleins poumons et détache sa ceinture.

— OK. Allons-y avant que je change d'idée, dit-elle d'un seul souffle. Mais tu promets de m'aider, hein ? Ramène-moi à l'ordre si je commence à raconter n'importe quoi. Ou si je bois trop de vin. Ou si j'oublie de dire s'il vous plaît, ou merci, ou pardon. Ou si je…

— Ça va aller, maman…

* * *

J'avais raison. Tout se déroule à la perfection. François est gentil, souriant et hyper attentionné. Maman est resplendissante de bonheur et semble passer un excellent début de soirée. Anna nous sert des amuse-gueule, son père nous fait faire le tour du propriétaire (en fait, j'ai déjà visité la maison en entier, mais maman me serre si fort le bras que je n'ai pas le choix de la suivre partout où elle va), et je nous prépare des cocktails hyper glamours (recette trouvée sur le Web avec une version sans alcool pour Anna et moi).

Il est maintenant temps de mettre notre plan à exécution. Quoi ? Je ne vous avais pas dit qu'on avait un plan ? Hi ! Hi ! Vous ne pensiez quand même pas qu'on allait passer la soirée à jouer les chaperons ? Notre stratégie consiste à :

1. Faire semblant de recevoir un message texte (Très facile à simuler!);

2. Faire semblant qu'un party vient d'être organisé (Oh! Morgane! Viens voir ça! Greg organise une super soirée à la dernière minute!);

3. Faire semblant qu'on a trop envie d'y aller (Génial! Il va y avoir plein de monde, en plus!);

4. Faire semblant qu'on refuse de laisser nos parents tout seuls le soir de la Saint-Valentin (Non, on ne peut pas partir comme ça... On reste avec vous. Quoi? Vous insistez pour qu'on y aille? Vraiment? Cool! Merci, vous êtes fantastiques!);

5. Quitter la maison (pour de vrai) en direction de chez Greg (oups! en direction du cinéma!).

On n'a pas l'habitude de mentir, Anna et moi. Mais parfois, il est nécessaire d'enfreindre une ou deux petites règles de bienséance afin de donner un coup de main au destin. Et vous savez ce qu'il a décidé, le destin ? Que le père d'Anna et ma mère méritaient un souper en tête à tête. C'est la Saint-Valentin, après tout !

OK, c'est parti ! Assise sur le canapé du salon, Anna sort son téléphone de sa poche, l'allume et s'exclame avec joie :

— Oh ! Devine quoi, Morgane ! Thomas organise un party pour la Saint-Valentin.

CHAPITRE 11

Saint-Valentin à plusieurs (oups ! à deux !)

— Tu veux dire que *Greg* organise un party, non ? dis-je en lui jetant un regard intense.

— Non, non, j'ai bien reçu un message de Thomas, m'assure Anna.

Je lui lance un regard qui tue (à quoi elle joue, au juste ?) et m'approche pour lire le message sur l'écran de son téléphone. Bout de luzerne ! Thomas lui a écrit pour de vrai. Et vous savez quoi ? Il organise un party à la dernière minute ! C'est presque trop gros comme coïncidence ! Je m'empare de mon téléphone et constate qu'il m'a écrit à moi aussi.

Tom : Party. Dix-huit heures. Chez moi. Porte un vêtement rouge.

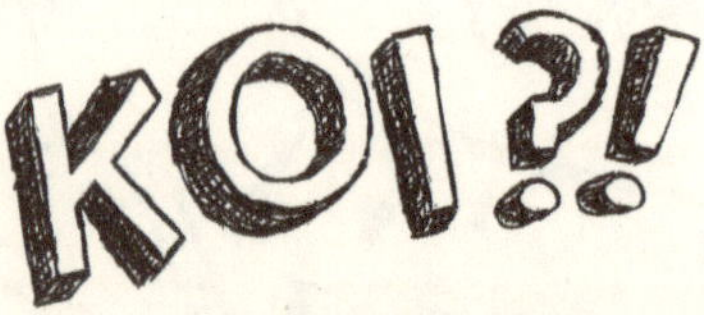

Moi : Non, merci. J'ai autre chose de prévu.

Tom : Anna vient de m'assurer que vous seriez là. 👍

Moi : Impossible. On s'en va chez Greg.

Tom : Impossible. Greg est en week-end de ski.

Grrr ! Comment il sait ça, lui ? J'essaie autre chose…

Moi : On s'en va au cinéma.

Tom : Tu vas y aller toute seule, parce qu'Anna vient chez moi.

Je jette un coup d'œil à mon amie, qui écrit elle aussi à Thomas, mais dans une autre conversation. Je lui marmonne, les dents serrées, tandis que maman m'observe d'un œil suspicieux à partir de la salle à manger :

— Veux-tu bien arrêter ça ?

— Arrêter quoi ? demande Anna, la langue sortie pour essayer d'écrire encore plus vite.

— Je ne veux pas aller chez Thomas ! Je veux aller au cinéma !

— Pas moi. Je ne vais certainement pas dire non à un vrai party !

Pendant qu'on tape chacune de notre côté sur nos téléphones, les parents nous rejoignent dans le salon, une coupe de vin à la main.

— Tout va bien, les filles ? demande François en s'assoyant sur le banc du piano.

— Oui, papa, désolée, répond Anna. C'est juste que… Tu vois, explique-t-elle en relevant la tête, on vient d'apprendre que Thomas organise un party. Je sais qu'on était censées rester avec vous pour souper, mais on aimerait y aller.

— C'est vrai, dis-je d'une voix un peu plus forte. Mais on peut rester si vous préférez. On ne voudrait pas gaspiller toute cette nourriture. En plus, je sais à quel point vous avez envie de jouer à des jeux de société.

Anna me donne un coup de coude de mécontentement, tandis que François jette un regard de biais à ma mère. Cette dernière hoche le menton, un demi-sourire naissant au coin des lèvres. Serait-elle en train de rougir ?

— Pas de problème, les filles, articule-t-elle avant de prendre une gorgée de vin. Allez vous amuser.

— Parfait ! lâche Anna en me tirant par le bras. Viens, Mo ! J'ai un pull parfait pour toi !

Je n'ai pas trop le choix de suivre Anna jusqu'à sa chambre. Mais je le fais en rouspétant. Je suis quand même capable de marcher toute seule ! Je maugrée des paroles à peine audibles. Pourquoi mettre ce pull ? Mon chemisier est très bien ! Je ne veux pas me changer !

Une demi-heure plus tard, après avoir tapé du pied, tenté de convaincre Anna d'aller au cinéma et marché dans les rues de la ville par un froid sibérien, nous voilà devant la maison de Thomas, le nez gelé et les joues rouges. Anna frappe à la porte, sautille pour se réchauffer et sort son téléphone de sa poche pour répondre à un appel. Elle l'a sûrement mis en mode vibration, parce que je ne l'ai pas entendu sonner.

Au bout de quelques secondes, Thomas vient ouvrir. Oh ! Qu'est-ce qu'il est beau, ce soir ! Il porte un jeans bleu foncé avec une chemise blanche dont les manches sont relevées jusqu'aux coudes. J'adore !

— Une cravate, hein ? dis-je avec étonnement. Je ne savais pas que c'était un party chic.

— C'est la Saint-Valentin, me répond-il en baissant les yeux pour les poser sur le bout de tissu. Il fallait bien que je porte quelque chose de rouge, non ? Entre, il fait froid, dehors.

Je tourne la tête en direction d'Anna qui me fait signe d'y aller ; elle me fait comprendre qu'elle en a encore pour un moment.

— Je te rejoins dans une minute, murmure-t-elle en cachant le haut-parleur de son téléphone. C'est Greg. On a un truc à régler.

— OK.

Ça, c'est la plus grande erreur de ma soirée. Si j'avais su ce qu'Anna complotait, je ne serais jamais entrée chez Thomas. Pas sans elle, en tout cas !

TU NE POUVAIS PAS SAVOIR, MORGANE. TU N'AVAIS AUCUNE RAISON DE TE MÉFIER D'ANNA.

Exactement !

Alors moi, naïve et inconsciente, j'accepte l'invitation de Thomas. Je lui donne mon manteau pour qu'il l'accroche dans la penderie et j'attends, les mains dans le dos.

— Viens, me dit-il en m'invitant à le suivre d'un geste poli. Je vais te servir à boire.

C'est là que je comprends que quelque chose ne va pas. Pourquoi Thomas se montre-t-il si courtois ? Où sont les autres ? Pourquoi n'y a-t-il pas de musique ? De gens qui crient ? De gars qui sautent partout, qui jouent au billard, qui pratiquent le karaoké ?

Où. Est. Le. Party ?

— Qu'est-ce qu'il se passe ?

Ma voix est faible. Quelque chose ne va pas, je le sens.

— Suis-moi, je vais t'expliquer.

Thomas m'entraîne dans la salle à manger. J'ai le souffle coupé en pénétrant dans la pièce. C'est l'une des plus belles choses que j'ai vues de toute ma vie ! L'endroit est complètement transformé. Il y a des bougies un peu partout, des pétales de roses sur la table et un immense gâteau au chocolat et aux framboises. La lumière est tamisée, la musique est envoûtante, bref, je fonds…

— Qu'est-ce que…, dis-je, sans terminer ma phrase.

— J'avais envie de te faire une surprise pour la Saint-Valentin, souffle Thomas en me prenant par les mains pour m'obliger à le regarder.

Bout de luzerne ! Ces yeux ! Ce regard !

— Pourquoi ?

— Pour me racheter, Morgane, m'explique-t-il doucement. J'ai fait un tas de bêtises depuis qu'on se connaît et je n'en suis pas fier. Je veux que tu saches à quel point je tiens à toi. En fait, je…

Il baisse le menton et se racle la gorge avec nervosité.

— Je suis amoureux de toi, déclare-t-il en se mordillant la lèvre. Et comme je t'aime, je voulais que tu passes une belle soirée.

J'ai une poussière dans l'œil, tout à coup. Et j'ai mal à la gorge. Oui, ma gorge est toute serrée. Comme si… Comme si j'allais pleurer.

UN PEU DE CONTRÔLE, MORGANE ! N'OUBLIE PAS LA MURAILLE DE CHINE ! IL VA FALLOIR PLUS QU'UN SOUPER AUX CHANDELLES POUR EN DÉTRUIRE UN BOUT, TU NE CROIS PAS ?

Oui, mais c'est tellement romantique, tout ça ! Qui aurait cru que Thomas pouvait être si attentionné ? Il a fait tellement d'efforts, là, tu ne crois pas ?

IL CHERCHE SEULEMENT
À T'IMPRESSIONNER !

Mais je suis impressionnée ! Ça marche ! Ça marche à cent pour cent !

TU DEVRAIS DEMANDER
À ANNA CE QU'ELLE PENSE DE
TOUT ÇA. C'EST ELLE, LA PRO
DE L'AMOUR, APRÈS TOUT.

Oh ! Anna ! Elle est encore dehors ? La Pauvre ! Elle doit être complètement gelée !

Je fais demi-tour et me rue vers la porte d'entrée, que j'ouvre en trombe. Personne. Où est-elle passée ?

— Elle est partie, m'apprend Thomas, derrière mon dos.

— Comment ça, elle est partie ?

— C'était le plan, Morgane, m'explique-t-il, une pointe de fierté dans la voix. Anna était ma complice depuis le début. Elle m'a aidé à mettre tout ceci en place.

Je referme la porte d'un mouvement sec et pivote sur moi-même. Thomas m'observe en souriant. Il est visiblement content de lui. Pendant ce temps, mon cerveau récapitule.

Si je comprends bien, Anna s'est amusée à me faire croire que notre idée était géniale pendant qu'elle planifiait ce plan machiavélique avec Thomas. Je vais lui faire passer un mauvais quart d'heure, c'est moi qui vous le dis !

GRRR !

Moi : Anna !

Moi : Où es-tu, vieille poire ?

Moi : Réponds, espèce de lâche !

Anna : Je suis en route vers la résidence. Je passe la soirée avec Roméo et Eddy. Je leur offre une petite thérapie de couple personnalisée pour la Saint-Valentin.

Anna : J'espère que ça va les aider. ☺

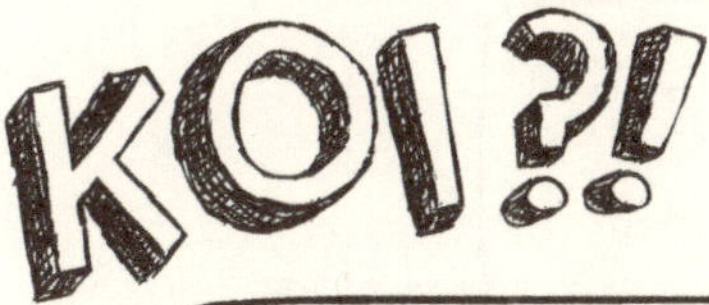

Moi : Comment as-tu pu me faire ça ? À moi ?

Anna : Tu es mon amie, Morgane. Je veux seulement ce qui est bon pour toi.

Moi : Thomas n'est pas bon pour moi ! Tu le sais, on en a déjà parlé !

Anna : Ce n'est pas ce que je crois ! Et tu sais quoi ? Je pense que tu devrais te laisser aller un peu. Tu es trop rigide.

Moi : Je ne suis pas rigide !

Anna : C'est très rigide, une Muraille de Chine ! Et très solide ! Tu ne seras jamais heureuse si tu ne laisses pas tomber deux ou trois pierres.

Moi : Ça ne risque pas d'arriver ! Je m'en vais !

Anna : Où vas-tu ?

Moi : Chez toi !

Anna : Tu priverais nos parents d'une soirée en amoureux juste pour me prouver que tu as raison ?

Moi : Pas seulement pour ça. Je n'ai aucune envie de passer la Saint-Valentin avec Thomas.

Anna : Je ne te crois pas.

Moi : Tant pis pour toi !

Anna : Tu sais qu'il a cuisiné ton repas préféré ?

J'étire le cou en direction de la cuisine. Thomas a-t-il vraiment cuisiné ? Monsieur Je-préfère-me-réchauffer-une-pizza-au-four-micro-ondes-plutôt-que-de-me-servir-d'une-poêle ?

— Chili végétarien servi avec pain de blé entier, murmure Thomas pour répondre à mes interrogations. J'ai aussi préparé du guacamole, des crudités et un plateau de fromages. Ça m'a pris toute la journée, mais j'y suis arrivé.

Là, je dois dire que je suis impressionnée. Ça doit paraître sur mon visage parce que Thomas éclate de rire, fier de son coup.

— Allez, viens, Morgane. Tu ne le regretteras pas, je te le promets.

Il me tend la main, radieux. J'hésite.

« Tu ne seras jamais heureuse si tu ne laisses pas tomber deux ou trois pierres. » C'est peut-être vrai. Un long soupir s'échappe de ma poitrine. J'éteins mon téléphone sans prendre la peine de répondre à Anna (elle mérite que je la boude pendant au moins un demi-siècle) et je suis Thomas jusqu'à la cuisine.

Mon cœur bondit.

C'est parti.

CHAPITRE 12

Scooter et bikini

CHAPITRE 12

Thomas avait raison, je ne le regrette pas. Je passe un merveilleux moment en sa compagnie. Il a mis le paquet pour m'impressionner. Tout est magnifique. La musique est bien choisie, la nourriture est délicieuse (sérieux, c'est super bon !), l'ambiance est feutrée et oui, je dois l'avouer, Thomas est séduisant.

Une petite voix dans ma tête me dit d'être prudente, de ne pas me laisser berner par ses belles paroles et ses beaux yeux (surtout ses beaux yeux), mais je n'ai pas envie de l'écouter. Plus maintenant. J'ai juste envie de profiter du moment, de me détendre, de me laisser aller. J'en ai assez des barrières qui m'empêchent de respirer.

Alors, on mange (trop), on parle (beaucoup), on rit (énormément) et on se regarde, yeux dans les yeux, pendant de longues minutes. Ça me fait du bien de savoir que Thomas peut être gentil, attentionné, agréable et respectueux. Et vous savez quoi ? Ça fait battre mon cœur bien fort. Pour la première fois depuis des semaines, je me dis que c'est peut-être possible, nous deux. Je veux dire, *réellement* possible.

— J'aimerais te montrer quelque chose, m'annonce-t-il une fois qu'on a fini de manger.

— Qu'est-ce que c'est ?

— Viens, tu vas voir.

Thomas me décoche un sourire dont lui seul a le secret et me fait signe de le suivre. C'est vrai, il m'avait promis une surprise ! C'est excitant !

Après avoir traversé la salle à manger, contourné le salon et monté l'escalier qui mène au deuxième étage, je comprends qu'il m'emmène dans sa chambre (qui a l'air d'avoir été décorée par le champion international du design d'intérieur, évidemment !). J'entre et je reste plantée là, les mains jointes, le corps raide. Incapable de retenir son excitation plus longtemps, Thomas se précipite sur la porte de sa garde-robe, l'ouvre en vitesse et en sort un casque tout brillant qu'il me montre avec fierté.

— Regarde ! s'exclame-t-il en le caressant du bout des doigts. Il est beau, hein ?

— Euh… C'est un casque, dis-je, un sourcil levé.

— Ce n'est pas n'importe quelle sorte de casque, me reprend-il, sans perdre son enthousiasme. C'est le nouveau modèle avec visière à écran solaire intégré. Il est fabriqué de polycarbonate ultra-résistant et l'intérieur est recouvert de matériaux antibactériens et antiallergiques. J'ai tout de suite pensé à toi en le voyant.

— Euh… Un casque t'a fait penser à moi ?

— Oui ! Je suis sûr que c'est ta taille, en plus !

Thomas étire les bras pour essayer de glisser cet énorme truc sur ma tête, mais je recule d'un pas, étonnée.

— Je n'ai pas besoin de casque, dis-je, les mains levées. Je ne fais même pas de ski !

Thomas éclate de rire.

— Ce n'est pas pour faire du ski, voyons ! lâche-t-il en déposant l'objet dans mes mains. C'est un casque de scooter ! Attends ! ajoute-t-il en pivotant sur lui-même. J'en ai un, moi aussi. Tu vas voir, il est super beau !

Thomas fouille dans sa garde-robe et se retourne pour me montrer son propre casque.

— Euh… Il est comme le mien, non ? dis-je, peu impressionnée.

— Pas du tout, voyons ! proteste-t-il en secouant la tête. Ce n'est pas le même modèle. Le tien est plus léger, plus féminin.

— Féminin ?

UN CASQUE PEUT-IL VRAIMENT ÊTRE FÉMININ ?

Pas sûre… En tout cas, ils sont aussi gros l'un que l'autre. Sans plus tarder, Thomas me dresse une liste complète (et très détaillée) des caractéristiques spécifiques de chacun des modèles tandis que j'essaie de me montrer intéressée (ce qui est loin d'être évident) en hochant la tête à intervalles réguliers.

— Alors ? C'est excitant, non ? s'écrie-t-il enfin, sans cesser de frotter le dessus de son casque avec le bas de sa chemise pour le faire briller. Dès que la neige sera fondue, on ira faire un tour, tous les deux.

— En scooter ?

— Évidemment, en scooter ! Quand même pas en montgolfière !

— Tu as le scooter qui va avec les casques ?

Thomas hoche la tête et m'apprend que ses parents lui en ont offert un pour Noël (rien que ça !), qu'il ira le chercher au magasin au printemps, et qu'il n'a qu'à suivre un petit cours pour réussir l'examen et ainsi avoir son permis.

— On va être libres d'aller où on veut, quand on veut, Morgane ! Je vais t'emmener loin d'ici, tu vas voir ! On va faire plein de belles sorties ! On va découvrir le monde !

Mes lèvres s'étirent. J'ai envie de répliquer que ça risque de prendre un sacré bout de temps pour découvrir le monde sur son engin à moteur, mais je garde mon commentaire pour moi. Thomas a l'air si heureux, je ne veux pas gâcher sa joie. Et… je dois avouer que l'idée de partir à l'aventure est assez excitante.

— Ça va être cool, dis-je en rougissant jusqu'à la racine des cheveux.

Thomas écarquille les yeux et me demande, la voix étranglée :

— Tu… Tu es sérieuse ? Je croyais que tu m'enverrais promener encore une fois… Tu penses réellement ce que tu dis ?

J'acquiesce d'un mouvement de tête. Anna avait peut-être raison, finalement. Ça fait du bien de laisser tomber quelques pierres.

Les sentiments que j'éprouve pour Thomas sont forts. Ils me chavirent à l'intérieur. Je me dis que je pourrais essayer de les attiser, pour une fois, au lieu de chercher à les refouler. Qui ne risque rien n'a rien, non ?

TU N'Y SONGES PAS SÉRIEUSEMENT, MORGANE ?

Pourquoi pas ? Qu'est-ce qui pourrait m'arriver de grave de toute façon ? Que ça ne marche pas entre nous deux ? Qu'on finisse par se séparer ? Je pense que je peux survivre à ça.

THOMAS RISQUE DE TE BRISER LE CŒUR, TU LE SAIS TRÈS BIEN ! IL N'EST PAS UN MODÈLE DE STABILITÉ QUAND IL EST QUESTION DE RELATIONS AMOUREUSES.

Qui te dit que ce n'est pas différent, cette fois ? Peut-être qu'il a envie d'une relation sérieuse ?

PERMETS-MOI D'EN DOUTER.

En tout cas, je ne saurai jamais si ça peut marcher si je ne me donne pas la peine d'essayer. Je suis jeune, non ? C'est le moment de faire des expériences !

EH BIEN ! MOI, JE TE DIRAIS DE NE PAS FAIRE ÇA !

Oui, eh bien ! ce n'est pas toi qui décides ! Je ne te retiens pas plus longtemps !

J'écrase mes pensées négatives dans un coin bien reculé de mon cerveau et je fais un pas vers l'avant, le cœur battant. Thomas me fixe intensément. Son regard est profond. Il est doux. J'ai envie de m'y perdre.

De l'embrasser. De le serrer dans mes bras.

Oui, c'est ce que je veux, je le sais, maintenant.

D'un mouvement lent, comme s'il avait peur de m'effrayer, Thomas m'enlève le casque des mains et le dépose sur son lit. Puis, il m'attire vers lui en douceur. Il glisse ses doigts le long de ma taille, les yeux brillants, le regard fiévreux. Une vague de chaleur monte en moi comme la lave d'un volcan. Il fait chaud. Mon cœur va exploser.

L'émotion me gagne et je tends la main vers son torse en me mordillant la lèvre du bas. Dans quelques instants, nos bouches vont se trouver. Nos corps vont s'enlacer. Je me souviens très bien de ce que suscite en moi un baiser de Thomas et je trépigne à l'idée de recommencer. Ça va être la plus belle Saint-Valentin de toute ma vie.

Mais au lieu de m'embrasser, Thomas détourne le regard et baisse la tête. J'étire le cou pour me coller à lui, mais il me repousse en douceur et se détache de moi en fermant les paupières. Quelque chose ne va pas.

— Hé ! Qu'est-ce qu'il y a, Tom ?

— Je… Je ne sais pas, marmonne-t-il, en se frottant les sourcils avec les doigts. Désolé, Morgane. Ce n'était pas censé se passer comme ça.

Sur le coup, je crois qu'il plaisante, mais en observant son visage, je vois qu'il est réellement mal à l'aise. Ses traits sont crispés et il semble bien nerveux, tout à coup. Je cherche à comprendre.

— Qu'est-ce que tu veux dire ? Comment c'était censé se passer, selon toi ?

— Ben, je ne sais pas trop comment t'expliquer, répond-il, embarrassé. Normalement, tu devais te sauver *avant* qu'on s'embrasse. Enfin, c'est ce que je m'étais imaginé.

— Tu veux que je me sauve ?

— Non ! Non ! Pas du tout ! m'assure-t-il en ouvrant grand les yeux. Je suis très heureux que tu veuilles enfin de moi, tu n'as pas idée. J'attends ce moment depuis longtemps. C'est juste que…

— Que quoi ?

Thomas ne répond pas tout de suite. Il s'assoit sur son lit, pose les coudes sur ses genoux et m'explique, d'une voix brisée :

— La dernière fois qu'on s'est embrassés, ça m'a pris des semaines à m'en remettre, Morgane.

— Pourquoi ? J'embrasse si bien que ça ?

Oups ! La réplique est partie toute seule. Je voulais seulement détendre l'atmosphère, mais Thomas ne rigole pas du tout. Il me fait un sourire forcé, se gratte la nuque avec la main et poursuit :

— Ça m'a pris des semaines à m'en remettre parce que tu m'as rejeté, Mo.

Là, c'est à mon tour d'être mal à l'aise. Je m'assois sur un tabouret de bois et j'attends la suite, gênée (et un peu honteuse). Thomas a raison. J'ai été dure avec lui. J'ai cessé de lui parler, je l'ai évité, j'ai refusé de répondre à ses messages…

— J'ai trouvé ça horrible. Et pour être honnête, je ne suis pas sûr d'avoir envie de revivre ça.

Oh ! Je me sens minable, tout à coup ! Je ne pensais pas que Tom avait été si affecté par mon refus. Il a l'air d'un dur comme ça, mais au fond de lui, il a le cœur tendre, je le vois bien, maintenant. C'est à son tour d'essayer de se protéger. Je ne peux pas lui en vouloir pour ça.

— Je suis désolée, lui dis-je d'une voix aussi douce que possible.

Thomas lève les yeux dans ma direction. Son regard est étonné. Et curieux.

— Tu le penses vraiment ?

— Oui, dis-je en me penchant vers l'avant pour glisser mes mains dans les siennes. Je sais que je n'ai pas été cool avec toi et je m'en excuse.

Je n'aurais pas dû te traiter de cette façon. Ça ne se reproduira plus.

Je bondis sur mes pieds et lève une main comme pour faire un serment. Puis, je déclare, sur un ton solennel :

— Je jure de ne plus me sauver de toi, Thomas.

Là, je le prends par surprise, c'est évident. Son visage s'illumine (bout de luzerne qu'il est beau quand il sourit !) et ses yeux deviennent plus brillants que des feux d'artifice.

— Sérieux ? demande-t-il, une lueur d'espoir dans la voix.

— Sérieux !

— Même si je dis des trucs stupides ?

— Même si tu dis des trucs stupides.

— Même si je fais des bêtises ?

— Même si tu fais des bêtises.

— Même si je t'exaspère avec mes histoires de hockey, mes histoires de football et mes histoires de scooter ? ajoute-t-il pour me tester.

— Même si tu m'exaspères avec les trois quarts de tes histoires, dis-je en lui faisant un clin d'œil amusé.

— Hum ! fait-il en croisant les bras. J'ai bien hâte de voir ça.

— Embrasse-moi et tu verras…

Le simple fait de prononcer ces paroles me fait monter le sang à la tête. J'ai l'impression d'entendre mon cœur palpiter dans les moindres parcelles de mon corps tellement il bat fort, tout à coup. Thomas se campe devant moi, l'air décidé ; un grand sourire illumine son beau visage. Je fonds.

— Avec plaisir, murmure-t-il en poussant une mèche de mes cheveux derrière mon oreille (long frisson). Et tu sais quoi ? ajoute-t-il en caressant ma joue (palpitations). Tu ne le regretteras pas (souffle coupé).

Thomas ferme les yeux et approche son visage du mien. Je l'imite, les jambes flageolantes. Tout de lui me fait tourner la tête. Sa voix… Son odeur… La chaleur de sa peau… Je glisse mes doigts dans ses cheveux et les promène doucement le long de sa nuque, les paupières closes. C'est doux. C'est agréable. Je m'apprête à accueillir ses lèvres quand une sonnerie se fait entendre. Ça vient de la porte d'entrée.

QUOI ? NON !

CHAPITRE 12

Je recule la tête de quelques centimètres pour jauger la réaction de Thomas.

— Sûrement un vendeur de chocolat, marmonne-t-il avec indifférence. On a tout ce qu'il nous faut, ajoute-t-il en fermant les yeux à nouveau.

Le problème, c'est que ça sonne encore. Et encore, et encore, et encore. J'aimerais crier à cet intrus de s'en aller et de nous laisser tranquilles, mais au lieu de cela, je recule d'un pas, légèrement inquiète. Thomas me retient par la taille. Il refuse que je m'éloigne de lui.

— Je n'ai jamais vu un colporteur s'acharner de la sorte, lui dis-je en posant mes mains sur les siennes pour me libérer. C'est sûrement important.

Je sais, je gâche le moment, mais c'est plus fort que moi. La journaliste en moi s'imagine déjà le pire : un voisin qui s'est fait attaquer par un dangereux psychopathe (quoi ? j'ai déjà vu ça aux nouvelles !), un policier qui vient nous annoncer une triste nouvelle (oh ! non ! j'espère que maman va bien !), ou les pompiers qui nous demandent d'évacuer en vitesse (on n'est jamais complètement à l'abri d'une intoxication au monoxyde de carbone). Pendant que Thomas reste planté là, je dévale l'escalier en vitesse, oubliant presque que je ne suis même pas chez moi. Me voilà dans l'entrée, un peu étourdie, complètement refroidie. C'est fou comme un état d'esprit peut changer vite en cas d'extrême nécessité.

Je prends une grande inspiration, j'ouvre la porte et me retrouve nez à nez avec une fille que je ne connais pas. Elle semble avoir à peu près mon âge, sauf qu'elle est dix fois plus jolie, vingt fois plus bronzée et trente fois plus sexy que moi. Je pense qu'elle n'a pas compris qu'on était en hiver. Sa jupe est tellement courte qu'on la voit à peine dépasser de son manteau.

— T'es qui ? lâche-t-elle en me détaillant de la tête aux pieds.

— Pardon ?

Elle est culottée, celle-là ! (Pas culottée dans le sens de « je porte un pantalon », mais dans le sens de « je suis limite impolie pour une fille qui frappe chez un inconnu le soir de la Saint-Valentin ».)

— Toi, tu es qui ? dis-je à mon tour, les bras croisés.

La belle blonde renifle un petit coup (elle est sûrement en train d'attraper le rhume, habillée de la sorte !), replace ses cheveux d'un mouvement de la tête (on se croirait dans une annonce de shampooing, c'est ridicule !) et articule, le nez en l'air :

— Je m'appelle Lisa-Lou.

Lisa-Lou… Ce nom me dit vaguement quelque chose. Je l'ai déjà entendu quelque part, mais je n'arrive pas à me rappeler où, exactement.

— Je viens pour Thomas, ajoute-t-elle en avançant d'un pas. On a rendez-vous.

Ils ont rendez-vous ? Impossible, ils ne se connaissent même pas !

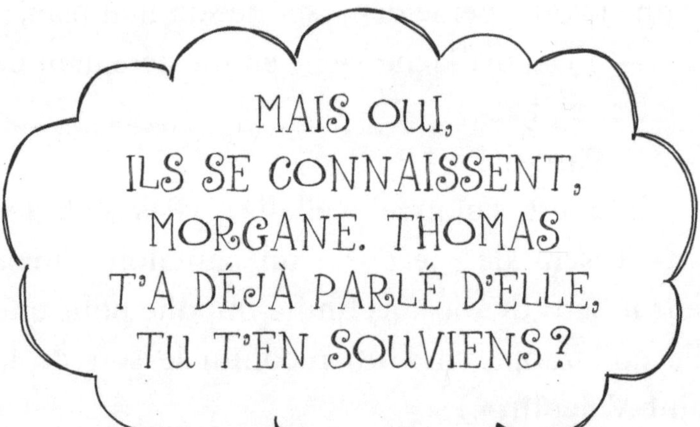

Non…

VOUS VOUS ÊTES MÊME DISPUTÉS À SON SUJET.

On s'est disputés ? Oh ! Tout à coup, j'allume ! Bout de luzerne ! La fille du concours de bikinis ! Thomas l'a rencontrée pendant son voyage. Mais qu'est-ce qu'elle fait là ?

ELLE A PARLÉ D'UN RENDEZ-VOUS...

— Thomas m'a promis une soirée en amoureux le soir de la Saint-Valentin, annonce la blonde, un grand sourire sur ses lèvres archi-rouges. Alors, me voilà, comme prévu !

J'ai l'impression de recevoir une douche d'eau glacée (et ce n'est pas à cause du froid qui pénètre dans la maison). Je me braque. Pendant que j'essaie de mettre de l'ordre dans mes pensées, Thomas m'interpelle du deuxième étage :

— Est-ce que tout va bien, Morgane ? Qui est là ?

Ma mâchoire est trop serrée pour que j'arrive à parler. L'intruse en profite pour attirer l'attention de mon bien-aimé :

— C'est moi ! crie-t-elle à tue-tête. Je suis arrivée !

J'entends Thomas descendre l'escalier. J'hésite entre lui demander des explications ou lui assener une claque derrière la tête. Quand il aperçoit Lisa-Lou dans l'entrée, son visage se métamorphose instantanément. Ses traits se crispent, sa mâchoire se serre et son teint devient tellement livide qu'il paraît sur le point de s'évanouir. Eh oui ! C'est ce que ça fait quand on invite deux filles en même temps, champion !

— Désolée pour mon retard, dit Lisa-Lou en franchissant le seuil de la porte. J'ai eu un peu de mal à trouver ta maison, ajoute-t-elle, les bras grands ouverts. Viens, que je te fasse un câlin, beau gosse !

Beau gosse ? C'est quoi, cette expression idiote ? Peu importe ! Je ne peux pas croire que cette scène se déroule sous mes yeux. Thomas a réussi à tout gâcher, encore une fois. Et vous savez quoi ? Je ne vais pas rester une minute de plus avec ces deux-là ! J'ouvre la porte de la penderie d'un coup sec et tire violemment sur mon manteau. J'enfile mes bottes, mon bonnet et mes moufles, prête à ficher le camp.

— Hé! Ne t'en va pas, Morgane! crie Thomas en se dégageant des bras de Lisa-Lou. C'est un malentendu! On n'avait pas rendez-vous, je te le jure!

— Bien sûr qu'on avait rendez-vous! déclare la belle blonde, fâchée. Qu'est-ce que tu racontes?

Thomas l'ignore totalement. Son visage est dévasté. Il me prend les mains pour m'empêcher de boutonner mon manteau et me supplie, la voix rauque:

— Arrête, Morgane. Écoute-moi, s'il te plaît.

— J'en ai assez entendu!

— Non! Tu as promis de ne plus te sauver! Laisse-moi t'expliquer! Ce n'est pas ce que tu crois.

— Bien sûr que c'est ce qu'elle croit, s'écrie Lisa-Lou en s'interposant entre Thomas et moi. Ne me dis pas que tu préfères être avec elle! Et avec ça!

Elle pointe l'index en direction de mon accoutrement un peu particulier et se met à rire bien fort. Je bous de l'intérieur.

DANS LE MEILLEUR DES MONDES,
THOMAS FERAIT CECI :

- Il ordonnerait à Lisa-Lou de la fermer ;
- Il lui demanderait de partir et de ne plus jamais essayer de le joindre ;
- Il claquerait la porte derrière elle ;
- Il m'embrasserait passionnément.

MAIS ON N'EST PAS DANS LE MEILLEUR DES MONDES, ALORS THOMAS SE CONTENTE DE :

- Me fixer de ses grands yeux ;
- Ne pas bouger ;
- Ne pas parler ;
- Ne pas me défendre (et ne pas m'embrasser).

ALORS MOI, JE RÉAGIS AINSI :

- J'ordonne à Lisa-Lou de la fermer ;
- Je demande à Thomas de ne plus jamais essayer de me joindre ;
- Je claque la porte derrière moi ;
- Je n'embrasse pas qui que ce soit.

Je marche dans les rues du quartier à la lueur des lampadaires. C'est assez calme, à cette heure-ci. Autour de moi, quelques couples se promènent main dans la main, le sourire aux lèvres, le cœur joyeux. Ils sont trop occupés à être heureux pour remarquer les larmes qui coulent sur mes joues.

Je n'arrive pas à comprendre. Le comportement de Thomas est tellement déstabilisant que j'ai du mal à croire que tout cela soit bel et bien arrivé. Qu'est-ce qui lui est passé par la tête, au juste ? Il s'attendait à quoi en invitant deux filles le même soir ? Il s'est dit qu'il en aurait une de rechange si l'autre ne pouvait pas se présenter ? Ou alors, il pensait qu'on finirait la soirée ensemble, tous les trois ? Qu'on s'amuserait à danser dans son salon en essayant de le séduire chacune notre tour ? Qu'il pourrait m'embrasser dans sa chambre et ensuite embrasser sa belle blonde dans le salon ? N'importe quoi !

EN MÊME TEMPS, JE T'AVAIS PRÉVENUE, NON ? THOMAS, C'EST THOMAS ! AUSSI BIEN METTRE FIN À TOUT ÇA PENDANT QU'IL EN EST ENCORE TEMPS.

Je crois que tu as raison. Cette fois, c'est définitif. J'en ai fini avec lui ! Fi-ni !

Mon téléphone vibre dans ma poche. Je parie que c'est lui. Il va voir que je suis capable d'être persévérante quand il s'agit d'ignorer les messages des personnes que je déteste. Parce que oui, je le déteste, en ce moment ! Eh oui, je m'apprête à l'ignorer une fois de plus. Tant pis pour la promesse que je lui ai faite. Il n'avait qu'à ne pas me pousser à bout.

Anna : Morgane ? Ça va ?

ALLÔ !

Anna : Thomas vient de m'écrire. Il m'a raconté ce qui s'est passé.

Moi : Thomas qui ? Je ne connais pas de Thomas.

Anna : Je suis désolée, Morgane. J'aurais aimé que ça se passe autrement.

Moi : Je ne vois pas pourquoi tu es surprise. Je n'aurais pas dû m'attendre à autre chose de sa part.

Anna : Ne sois pas si dure avec lui. As-tu au moins écouté sa version des faits ?

Moi : Pas besoin. Les relations de couple, ce n'est pas pour lui, j'ai compris.

Moi : Peu importe. Es-tu toujours à la résidence avec les garçons ?

Anna : Oui.

Moi : Parfait. Je viens vous rejoindre.

Anna : OK. On t'attend.

CHAPITRE 13

Superpouvoirs de fin de soirée

Finalement, ma soirée de Saint-Valentin se termine plutôt bien, vu les circonstances. Je vais rejoindre la gang* à la résidence et, en bons amis qu'ils sont, ils m'écoutent me plaindre de Thomas pendant une bonne demi-heure.

Ensuite, Anna me donne tous les détails de son intervention auprès d'Eddy et de Roméo. J'étais tellement absorbée par mon propre malheur que j'avais presque oublié que ces deux-là avaient des problèmes de couple, eux aussi. Apparemment, Anna s'est servie de ce qu'elle a appris avec sa psy pour simuler une séance de thérapie. Voici ce qu'elle leur a fait subir.

* **Gang** – Groupe d'amis, bande.

1. UN INTERROGATOIRE EN RÈGLE :
Comment te sens-tu ?
Qu'est-ce qui t'embête dans ta relation ? Que peux-tu faire pour améliorer la situation ?

2. UN COURS DÉTAILLÉ SUR LA COMMUNICATION EFFICACE :
Il est très important de s'exprimer au JE. Cela permet d'expliquer comment on se sent sans porter d'accusations.

3. UN EXERCICE DE VISUALISATION :
Comment imagines-tu votre relation de couple dans une semaine, un mois, un an, deux cents ans ?

4. UN EXERCICE BASÉ SUR LE POSITIVISME :
Chaque jour, vous allez écrire quelque chose de positif sur un petit bout de papier. Ça peut être une qualité, une bonne action, une petite attention ; bref, n'importe quoi, tant que ça vous a fait plaisir. À la fin de la semaine, vous allez lire ce que l'autre a écrit et en discuter ensemble.

Dans l'ensemble, Anna paraît avoir fait du bon travail, parce qu'Eddy et Roméo sont d'excellente humeur. Ils s'amusent à visionner des vidéos de gens qui se cassent la figure (*fail!*) en riant bruyamment.

De mon côté, je fais le tour des nouvelles sur Facebook, bien avachie sur un des canapés de la salle de repos. C'est fou le nombre de mentions « En couple » qui s'affichent sur les profils des gens. C'est à croire que la moitié de la planète attendait le quatorze février pour déclarer son amour. Mon fil d'actualité est rempli de bouquets de fleurs, de boîtes de chocolats et de gâteaux qui ont été photographiés dans la dernière heure. Si maman voyait ça, elle lèverait les yeux au ciel et dirait que les gens ont plus de plaisir à exhiber leurs « trophées » qu'à profiter du moment présent. Je suis plutôt de son avis. Contrairement à Anna (qui a déjà pris une vingtaine de photos depuis mon arrivée à la résidence), je ne fais pas ce genre de choses. Je n'ai pas immortalisé la jolie table préparée par Thomas, tout à l'heure. Je n'ai pas photographié le repas qu'il a cuisiné pour moi non plus, ni les chandelles, ni le dessert.

J'appréciais l'instant. J'étais sur un nuage. Douce et légère, comme un papillon. Mais le joli papillon s'est fait repousser par une grosse abeille au dard menaçant. Je dirais même un énorme bourdon.

Oh ! Soudainement curieuse (et légèrement anxieuse), je me rends sur le profil de Thomas, le cœur serré. C'est bon. Rien n'a changé. Il est toujours célibataire. Lisa-Lou n'a pas pris le contrôle de sa vie. Pas encore.

Qu'est-ce que je fais, maintenant ? Est-ce que je lis les messages de Thomas ? Mon téléphone est sur le point de faire une dépression nerveuse tellement Thomas m'a textée souvent au cours de la dernière heure. J'ai tenté de l'ignorer le plus longtemps possible (mon degré de colère était tel que j'avais peur de commettre des actes irréparables), mais là, je suis de plus en plus curieuse. En plus, Anna n'arrête pas de me dire que Thomas se sent mal, qu'il aimerait que je lui donne la chance de s'expliquer… et que je lui ai promis de ne plus me sauver.

Honnêtement, je ne vois pas ce qui pourrait justifier la présence de Lisa-Lou à notre souper de Saint-Valentin, mais je décide tout de même de lui donner une chance. Après tout, une promesse, c'est une promesse.

Cellulaire en main, j'ouvre ma messagerie. Les premiers textos de Thomas ont commencé à arriver quelques minutes après que je suis partie de chez lui.

Tom : Pourquoi es-tu partie, Morgane ? Tu ne m'as même pas laissé le temps de m'expliquer !

Tom : Ce n'est pas ce que tu crois.

Tom : Je ne m'intéresse pas du tout à Lisa-Lou.

Tom : Enfin, plus maintenant.

Tom : Tu ne veux pas me parler, hein, c'est ça ?

Tom : Tu me boudes, comme d'habitude ?

Tom : Argh ! Arrête de faire le bébé, Morgane ! Prends ton téléphone et appelle-moi !

* * *

Tom : Bon. Lisa-Lou est partie. J'ai enfin réussi à me débarrasser d'elle.

Tom : Je suis tout seul chez moi, si tu veux passer.

Tom : Ça serait bien qu'on puisse parler, tous les deux.

Tom : En vrai.

Tom : Allez, Morgane !

Tom : Non ? OK. Je te laisse tranquille.

* * *

Tom : En fait, NON ! Je ne veux pas te laisser tranquille ! 😠

Tom : On vivait un super beau moment, tous les deux.

Tom : Je ne vais pas laisser Lisa-Lou gâcher ça.

Tom : Je vais tout t'expliquer, que tu le veuilles ou non.

Tom : J'ai rencontré Lisa-Lou pendant mon voyage. Tu sais, le concours de bikinis ? C'était elle.

Tom : On a passé la soirée à danser sur la piste de danse. C'était cool.

Tom : Elle m'a embrassé. Je l'ai embrassée. Point.

Tom : Il ne s'est rien passé d'autre.

Tom : À la fin de la semaine, elle est repartie avec ses parents.

Tom : Pour faire une blague, je lui ai dit « On se revoit le soir de la Saint-Valentin, beauté. Tu seras mon cadeau ! »

Tom : Mais c'était pour rire, Morgane. Je ne le pensais pas vraiment.

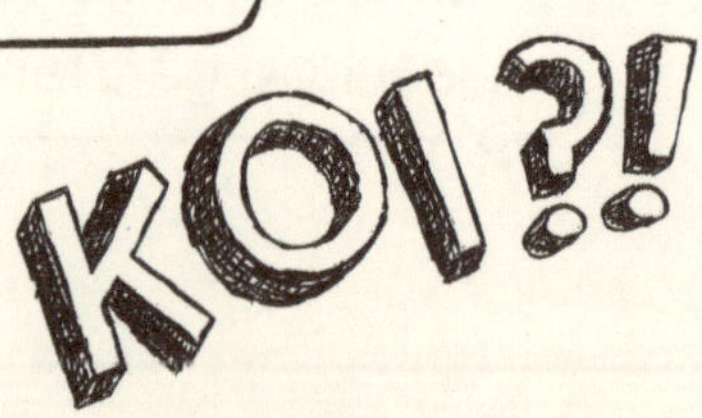

Tom : De toute façon, je ne lui ai jamais donné mon adresse. Je ne pouvais pas savoir qu'elle essaierait de me retrouver. Elle ne connaît même pas mon nom de famille !

Tom : Je pense que cette fille est folle.

Tom : Tout ça pour dire qu'elle ne compte pas du tout à mes yeux.

Tom : C'est toi qui comptes. C'est avec toi que j'ai envie d'être.

Tom : Je t'aime, Morgane. Je te l'ai déjà dit et je te le dis encore. Je t'aime.

Tom : Et je m'excuse.

* * *

Tom : Tu refuses toujours de me répondre ?

Tom : Tu es vraiment têtue !

Tom : Je ne vois pas ce que je pourrais faire de plus. Tu connais toute l'histoire. Maintenant, c'est à toi de voir si tu arrives à passer par-dessus ça.

Tom : La balle est dans ton camp.

Tom : Je sais que tu auras besoin de temps pour réfléchir. C'est correct. Je vais attendre.

Tom : Je promets de ne plus te déranger jusqu'à ce que tu fasses les premiers pas.

Tom : Bonne nuit, Morgane.

Tom : Je t'aime.

J♥TDR

Tom : *Laila Tov*. xxx

Tom : P.-S. : Je n'ai pas eu le temps de te parler de ma surprise, alors je la garde pour plus tard. Je te jure que tu ne seras pas déçue.

Les mots que je lis me rentrent dedans comme un train à grande vitesse. Je ne m'attendais pas à ça… L'histoire de Thomas, bien qu'elle soit tirée par les cheveux, me semble plausible.

QU'EST-CE QUE
TU VAS FAIRE ?

Je ne sais pas. Apparemment, c'est à moi de faire un choix. Tom a dit que la balle était dans mon camp.

Pour être honnête, j'aurais préféré que Tom soit l'imbécile fini que je m'étais toujours imaginé. Ça m'aurait simplifié la vie. Je pourrais lui dire « bon débarras ! » et le sortir de ma tête une bonne fois pour toutes. Mais ce n'est pas le cas. Et ça complique un peu mes réflexions.

HEUREUSE OU
PAS HEUREUSE ?

Un peu des deux, je dois l'avouer.

CHAPITRE 13

CE QUI VEUT DIRE ?

Ce qui veut dire que je suis plus perdue que jamais. Je dois me laisser un peu de temps pour réfléchir à tête reposée. En ce moment, je suis trop émotive et trop fatiguée pour prendre une décision éclairée. Pour montrer ma bonne foi, je réponds ceci à Thomas :

Moi : *Laila Tov.*

Pas de bisous. Je ne voudrais pas qu'il se fasse des idées. Pas de reproches non plus. Ce n'est pas le moment. Juste un bon vieux « *Laila Tov* » comme on les aime.

Mon téléphone sonne aussitôt. « Numéro inconnu. » Je ne suis pas prête à parler à Thomas de vive voix. Demain, peut-être.

Moi : Arrête de m'appeler, Tom. Je ne décrocherai pas.

Tom : Je n'ai pas appelé.

Moi : Je suis sérieuse…

Tom : Moi aussi !

Tom : Je n'ai pas appelé, je te jure.

Bye !

Moi : OK. Désolée, dans ce cas.

Je range mon cell et me lève du canapé, le dos raide, les sourcils froncés. Qui se cache derrière ce fameux « numéro inconnu » si ce n'est pas Thomas ?

Tant pis, je verrai ça une autre fois. Je suis trop fatiguée pour penser à tout ça. Je m'étire en grimaçant et en jetant un coup d'œil à la salle de repos. Elle est presque vide. Deux gars jouent aux échecs dans un coin de la pièce tandis qu'Eddy et Roméo ont les yeux fixés sur leur téléphone, juste à ma droite.

— On y va, Anna ?

Oups ! Mon amie s'est endormie. Je m'approche du gros fauteuil sur lequel elle est assise et lui secoue l'épaule en douceur.

— Anna ? Réveille-toi, Anna. On doit y aller.

CHAPITRE 13

La belle ouvre les yeux lentement. Je prends la tablette posée sur ses genoux, lui caresse le front du revers de la main et l'aide à se lever.

— Quelle heure est-il ? demande-t-elle, engourdie.

— Tard. Allez, *go*.

Anna se frotte le visage avec les mains, refait sa queue de cheval et s'habille en lâchant quelques bâillements sonores. J'enfile mes bottes, mon bonnet, mon manteau, mes moufles, mon écharpe (quoi ? il fait froid, dehors !), et salue Eddy et Roméo d'un geste de la main.

— On se voit lundi matin, les gars ?

Mes deux amis me regardent en souriant. Qu'est-ce qu'il y a ? Ils ont l'air un peu trop complices à mon goût. C'est louche.

— Quoi ? dis-je en fronçant les sourcils.

— Tu as répondu à Thomas, lance Roméo, les yeux brillants.

Ce n'est pas une question. C'est une affirmation.

— Oui. Pourquoi ?

— Bravo, Mo ! articule Eddy en levant le pouce dans les airs. On est fiers de toi !

— Mouais ! Ce n'est pas comme si je lui avais écrit un roman, dis-je pour ma défense. Je lui ai seulement souhaité bonne nuit.

— On le sait, déclare Roméo, satisfait. Mais c'est un début.

* * *

Bout de luzerne qu'il fait froid ! On aurait dû demander à nos parents de venir nous chercher à la résidence. J'ai le nez complètement gelé ! À côté de moi, Anna semble revigorée par notre petite marche. Elle est tout à fait réveillée.

— J'ai hâte d'arriver à la maison ! lâche-t-elle en sautillant pour se garder au chaud. Je me demande si mon père et ta mère ont passé une belle soirée.

— Moi, je dis qu'ils se sont embrassés.

Anna cesse de marcher et m'agrippe le bras, surexcitée.

— Oh ! Tu crois ?

— Aucune idée, dis-je en rigolant. Pourquoi pas ? Ton père est gentil, ma mère est merveilleuse, je ne vois pas pourquoi ça ne marcherait pas.

Pressées d'en savoir plus, Anna et moi accélérons le pas. En arrivant chez elle, on se précipite à l'intérieur, on se déshabille en vitesse (pas le temps de ranger nos manteaux et nos bottes, on laisse tout ça traîner dans l'entrée), et on court jusqu'au salon.

Nos parents sont là, assis sur des fauteuils séparés, une coupe de vin à la main. Ils ont l'air bien. Ils ont l'air heureux. Les lumières sont tamisées, l'ambiance est agréable.

— Vous avez passé une belle soirée ? nous demande François, souriant.

— Pas mal, répond Anna en s'assoyant sur le banc du piano, ses mains gelées entre les cuisses. Et vous ?

— Une très agréable soirée, répond maman en prenant une gorgée de vin. Au fait, on va dormir ici, Morgane, ajoute-t-elle en me jetant un regard en biais.

C'est clair que mon visage trahit ma surprise (et ma joie, et mon excitation), parce que maman lève une main dans ma direction et précise :

— Dans la chambre d'amis, bien entendu. J'ai pris un peu trop de vin, alors je ne suis pas en état de conduire.

Chambre d'amis ou pas, je suis ravie ! C'est un bon début, cette soirée. Un très, très bon début !

Pendant que François s'occupe d'installer maman dans la pièce réservée aux invités, Anna va me chercher un ensemble de draps dans l'armoire. Il y a toute la place qu'il faut pour que je dorme avec elle dans sa chambre. Elle me prête un pyjama, me déniche une brosse à dents et en moins de deux, je me retrouve allongée dans le noir, les yeux grands ouverts, le cerveau hyperactif.

Anna et moi, on a eu l'idée de se lever un peu plus tard pour espionner nos parents, mais au bout de quelques minutes à peine, le sommeil gagne mon amie. Quant à moi, je n'arrive pas à fermer l'œil.

J'aimerais être une petite souris. Je pourrais me faufiler sous la porte, longer le corridor et aller voir ce que font ma mère et le père d'Anna, alors qu'ils nous croient toutes les deux au pays des rêves… Encore mieux: j'aimerais avoir des oreilles bioniques pour entendre le moindre de leurs mouvements. Non! La capacité de voir à travers les murs, ça serait encore mieux! En plus, ça serait très pratique dans mon métier de journaliste. Je n'aurais qu'à ouvrir les yeux pour découvrir tous les secrets du monde!

Hum! Serais-je en train de trouver un super sujet pour le prochain numéro du *No Name*? Je pense que oui, moi!

J'imagine qu'Anna ne m'en voudra pas si j'utilise son ordinateur.

CHAPITRE 13

Le *No Name !*

Édito

Salut, fidèles lecteurs !

Aujourd'hui, je vais vous entretenir d'un sujet qui risque de vous étonner. Un sujet un peu fou, qui nous permettra de nous amuser et même de rêver : **LES SUPERPOUVOIRS !**

Oui, oui ! Vous avez bien lu ! Les films qu'on nous présente au grand écran sont remplis de personnages aux facultés extraordinaires. Personnellement, j'ai toujours été un peu jalouse d'eux (moi aussi, j'aimerais être capable de lancer des boules de feu !). Alors aujourd'hui, j'ai décidé de faire de mon rêve une réalité, le temps d'une chronique.

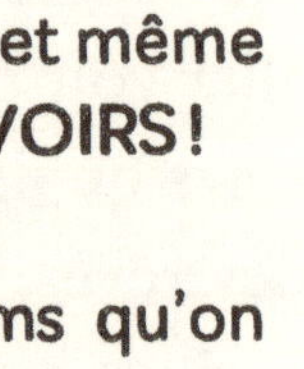

Selon mes recherches, il existerait DEUX grandes catégories de superpouvoirs.

1 Les pouvoirs physiques

Ils permettent d'utiliser le corps humain de façon inhabituelle pour intervenir dans l'environnement. Invincibilité, force surhumaine, téléportation, invisibilité, rapidité, capacité de voler, de changer d'apparence, de s'étirer, de voir à travers les murs, à travers les gens, à travers les vêtements (oups !).

2 Les pouvoirs mentaux

Ils regroupent une grande quantité de capacités phénoménales contrôlées par la pensée. Certains individus peuvent transformer l'eau en glace, contrôler le feu, provoquer des tornades, des orages, des ouragans, faire fondre le métal, et même pratiquer la télékinésie (déplacer des objets), la télépathie (converser avec quelqu'un en pensée) et la divination (prédire l'avenir).

Test

Maintenant qu'on connaît un peu mieux les **SUPERPOUVOIRS**, voici un petit test bien amusant qui te permettra de découvrir quel genre de **SUPERHÉROS** tu es.

1 **Quelle est ta couleur du moment ?**

A) Le rouge

B) Le vert

C) Le bleu

D) Le jaune

2 **Lequel de ces énoncés te décrit le mieux ?**

A) Je suis audacieux, aventurier, toujours prêt à relever des défis.

B) Je suis très créatif.

C) Je suis un émotif, je suis un grand sensible.

D) Je suis le plus grand paresseux de ce monde.

3 **Lequel de ces sujets t'intéresse le plus ?**

A) Les sports et les voyages

B) Les sciences et l'environnement

C) La littérature, la musique et le cinéma

D) L'étude du sommeil

Test

4 **Quel rôle aurais-tu aimé interpréter au cinéma ?**

A) Katniss Everdeen dans la série Hunger Games

B) Severus Rogue dans la série Harry Potter

C) Elsa dans La reine des neiges

D) Aucun. Je déteste le cinéma.

5 **Ton meilleur ami t'appelle au milieu de la nuit, le cœur en miettes parce que sa blonde vient de le laisser. Comment réagis-tu ?**

A) Quoi ? Mon ami a besoin de moi ? J'arrive ! J'ouvre la fenêtre de ma chambre, je saute en bas du deuxième étage et je me rends chez lui en moins de deux minutes, même s'il habite à l'autre bout de la ville.

B) Je lui propose différentes méthodes pour se venger : attaque de crottes de chien, piège à ours devant la porte de sa chambre, poupée vaudou, etc.

C) Je prends ma voix la plus douce, je le rassure et je lui dis que tout va bien aller.

D) Je ne fais rien du tout. Qu'il se débrouille avec ses problèmes.

Tu as répondu une majorité de A? Tu carbures à l'adrénaline ! Tu es sans aucun doute un superhéros doté de qualités physiques exceptionnelles. Tu peux voler, sauter et bondir. Tu es vif, agile et toujours aux aguets.

Tu as répondu une majorité de B ? Tu es sans aucun doute le genre de superhéros qui manipule les éléments. Une bataille de boules de feu ? Pourquoi pas ? Une tornade en plein cours de math ? C'est parti ! Une tempête de sable en Alaska ? Un tsunami dans le Sahara ? Rien ne t'arrêtera !

Tu as répondu une majorité de C ? Tu préfères utiliser tes facultés intellectuelles pour contrôler ton environnement. Pourquoi combattre un méchant, alors qu'il est si facile de manipuler ses pensées ? Tes pouvoirs te permettent de lire en lui, de lui parler sans avoir à ouvrir la bouche et de lui dicter sa conduite sans avoir à lever le petit doigt. Pratique, non ?

Tu as répondu une majorité de D ? Continue à rêver. Tu n'as rien d'un superhéros. 😉

Quel est le pouvoir le plus incroyable, selon l'équipe du *No Name*?

Morgane

Si j'avais à choisir parmi tous les pouvoirs disponibles en ce monde, j'opterais sans hésiter pour la télé-portation. Envie de passer une journée au bord de la plage? Hop! C'est parti! Envie de savoir ce qui se dit dans le bureau des profs? Youp! C'est réglé! Envie de visiter l'Australie? Londres? Rio? Pas de problème! Dans la même journée, je peux déjeuner avec le pape, dîner avec le président des États-Unis et souper avec un émir arabe. N'est-ce pas merveilleux?

Eddy

Je ne suis pas un super athlète, alors j'aimerais être le coureur le plus rapide au monde. C'est tout. Je n'en demande pas plus.

Anna

Oh ! Comme c'est difficile ! Je voudrais tous les superpouvoirs ! Certains jours, j'aimerais lire dans les pensées des gens (j'aimerais bien savoir ce que les beaux garçons pensent de moi), alors que la semaine dernière, j'aurais tout donné pour être invisible pendant ma présentation orale (je devais mimer la démarche d'un manchot, la honte !). Mais de tous les pouvoirs, celui qui me ferait le plus plaisir, ce serait de voler comme un oiseau.

Thomas

Hum… Laissez-moi y penser et je vous reviens là-dessus.

CHAPITRE 14

Secrets (plus ou moins) bien gardés

CHAPITRE 14

Je n'ai quasiment pas dormi de la nuit. J'avais tellement d'idées que j'ai presque terminé le *No Name* avant le lever du soleil. Vous croyez que c'est impossible ? Vous me sous-estimez ! Je ne suis peut-être pas une superhéroïne, mais je suis dotée de facultés prodigieuses qui me permettent de plancher toute la nuit sur le journal sans me fatiguer. J'ai même inventé les réponses de mes collaborateurs au sujet du pouvoir qu'ils aimeraient avoir, juste pour m'amuser. Hi ! Hi !

Ne vous en faites pas, je ne vais pas imprimer le journal sans leur approbation. De toute façon, je n'ai jamais réussi à trouver une réponse pour Thomas. J'ai beau me creuser les méninges, je n'ai aucune idée du genre de superpouvoir qu'il souhaiterait avoir. Il y a quelques semaines, j'aurais répondu un truc du genre : « N'importe quoi, tant que ça me permet d'être grand, fort et populaire auprès des filles. » Mais Thomas n'est plus tout à fait le même depuis un certain temps, et j'avoue que j'ai un peu de difficulté à le cerner.

De toute façon, ça ne change rien au fait que j'ai l'air d'une vieille pomme toute rabougrie ce matin. Mon visage est terne, j'ai des poches de la taille du Grand Canyon sous les yeux et j'ai de la difficulté à faire trois pas sans trébucher dans mes propres jambes. Heureusement, maman était d'accord pour qu'on rentre tôt, alors nous voilà déjà à la maison, toutes les deux.

Mon horaire de la journée n'est pas compliqué : dormir, texter Yanie et Louba, dormir, manger, dormir, regarder la télé, dormir et faire du shopping en ligne. J'adore faire du shopping en ligne. C'est souvent là que je trouve les vêtements les plus originaux. Et pour pas cher, en plus ! Ça fait une heure que je fouine sur mon site préféré et j'hésite entre une écharpe de Mickey Mouse et des chaussettes fluo. Maman est tellement de bonne humeur qu'elle va peut-être accepter de m'acheter les deux.

Je m'apprête à aller la voir quand je reçois un texto d'Anna.

Anna : Mo ? Es-tu là ? J'ai une grande nouvelle à t'annoncer !

Moi : Je t'écoute !

Anna : Imagine-toi donc que nos parents ont décidé de se revoir !

Moi : Cool.

Anna : Euh… C'est tout ? Tu n'es pas plus contente que ça ? 😮

Moi : Ben oui. J'ai écrit « cool ».

Moi : Ça veut dire que je suis contente, non ? 🙂

Anna : Oui, mais tu n'as pas mis de point d'exclamation.

Moi : Et alors ?

Anna : Ben, disons qu'un « cool » sans point d'exclamation, c'est moins convaincant. C'est moins…

Moi : Exclamatif ?

Anna : Exactement !

Anna : Tu vois ? Mon « exactement » est très expressif avec le « ! ».
Ça fait toute la différence.

Anna : Si tu veux devenir journaliste, tu dois apprendre à maîtriser l'art de la ponctuation, ma chère.

Moi : Si je veux devenir journaliste, je dois surtout continuer à m'informer, à poser des questions, à fouiller sur le Web, et à écrire, encore et encore (et encore).

Moi : Il n'y a pas de magie.

Anna : Bien dit ! Ça veut dire que tu vas accepter le poste de stagiaire au journal ?

Anna : Oh ! Morgane ! C'est vraiment génial !

Anna : Tu vas venir habiter chez moi, on va faire plein de trucs, on va passer un super été, toutes les deux !

Anna : Thomas doit être aux anges !

Anna : C'est lui qui t'a convaincue ? Comment a-t-il fait ? Je pensais que tu avais laissé tomber l'idée.

Moi : Hé ! Veux-tu bien me laisser le temps d'écrire !

Moi : Pourquoi tu t'excites comme ça ?

Moi : Je n'ai pas encore reçu de réponse du journal.

Anna : Pas besoin ! Tout est réglé !

Anna : De toute façon, ce n'est pas comme s'il y avait eu des tas de demandes… Son oncle a dit que vous n'étiez que deux candidats.

Moi : Son oncle ? Quel oncle ?

Moi : De quoi tu parles ?

Anna : Ne me dis pas que…

Anna : Tu n'étais pas au courant ?

Moi : Au courant de quoi ? Explique !

Anna : Oh ! Je suis trop nulle ! Désolée, Morgane. J'ai vendu la mèche.

Anna : L'oncle de Thomas fait partie de l'équipe du journal. Tu sais, le fameux monsieur Kelbogosse ? Il accepte de te prendre comme stagiaire.

Anna : Thomas était tellement excité à l'idée de t'annoncer la bonne nouvelle à la Saint-Valentin que je croyais que c'était fait.

Moi : Je t'en aurais parlé si ça avait été le cas, tu ne crois pas ?

Anna : Je me suis dit que tu avais besoin de temps pour réfléchir à tout ça.

Anna : Comme je te connais, tu serais capable de refuser le poste juste parce que Tom t'a aidée à l'obtenir.

Moi : Tu me connais bien.

Anna : Ça veut dire que tu vas laisser tomber ?

Moi : Je ne sais pas, Anna.

Moi : Tu me prends par surprise. Je vais y penser.

Anna : Tu ferais peut-être mieux d'écrire à Thomas pour en discuter avec lui.

Moi : Oui, c'est sûrement ce que je vais faire.

Moi : Avant de te quitter, laisse-moi te rassurer : j'étais au courant pour nos parents. Ça explique l'absence de point d'exclamation dans mon texto, j'imagine .

Anna : Tu étais au courant et tu ne m'as rien dit ?

Moi : Je me suis dit que tu avais besoin de temps pour réfléchir à tout ça.

Moi : Comment tu prends ça ?

Anna : Super bien ! Sérieux, je suis trop contente !

COOL !

Anna : C'est le meilleur scénario qui pourrait arriver *ever* !

Moi : Bien d'accord avec toi. Nos parents sont faits pour être ensemble.

Anna : Je croise les doigts pour que ça marche ! En tout cas, mon père est de très bonne humeur aujourd'hui.

Moi : Ma mère aussi. J'ai essayé de lui soutirer quelques informations dans la voiture, tout à l'heure.

Anna : Et puis ?

Moi : Elle n'a rien voulu me dire.

Hi ! Hi !

Moi : Mais son sourire est très éloquent.

Moi : Bon, je te laisse. J'ai des trucs à régler avec Thomas.

Anna : OK. On se reparle plus tard.

Je m'empresse d'écrire à Thomas, le cœur battant. Fidèle à mon habitude, je n'y vais pas par quatre chemins.

Moi : Aurais-tu quelque chose à me dire ?

Tom : J'ai plein de choses à te dire. Si tu savais !

Moi : Arrête de te moquer, Tom. Je suis au courant pour ma surprise.

Tom : Impossible !

Moi : Je viens de parler à Anna.

Tom : Anna n'est pas au courant. Je ne lui ai rien dit.

Tom : Je savais qu'elle n'arriverait pas à tenir sa langue !

Moi : N'empêche que je sais tout.

Tom : Comment tu as fait ?

Moi : Je viens de le dire : Anna m'a tout raconté.

Tom : Je viens de le dire : c'est impossible.

Moi : De toute façon, j'apprécie ton geste, Thomas, mais je ne peux pas accepter.

Tom : Qu'est-ce que tu racontes ? Bien sûr que tu peux accepter ! Et tu VAS accepter !

Tom : Tu ne réalises pas à quel point ça a été difficile pour moi d'obtenir ces places.

NON ?!

Tom : Laisse ton orgueil de côté, pour une fois !

Tom : On va tellement passer une belle soirée toi et moi, je te le dis, tu ne vas pas le regretter.

Moi : Attends...

Moi : Arrête d'écrire deux secondes.

Moi : Quelles places ?

Moi : Quelle soirée ?

Tom : De quoi on parle, depuis tout à l'heure, à ton avis ? De Lady Gaga, voyons !

Tom : À moins que...

Tom : Oh !

Tom : On ne parlait pas de la même chose, c'est ça ?

Moi : Tu as acheté des billets pour le spectacle de Lady Gaga ?

Moi : Sérieusement ?

Tom : Ouaip !

Un long frisson me parcourt le corps, me donnant l'impression d'avoir été plongée dans un bain de glace. Ça ne se peut pas ! C'est impossible ! Je rêve d'aller voir Lady Gaga en spectacle depuis des années ! C'est ma muse ! Mon idole ! Mon porte-bonheur ! J'arrive à peine à poursuivre ma conversation avec Thomas tellement mes doigts tremblent sur l'écran de mon téléphone.

Moi : Mais... Les billets sont presque impossibles à trouver.

Tom : Je sais. ☺

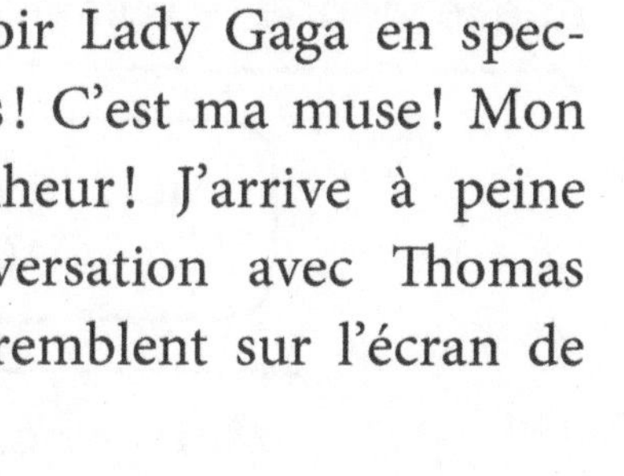

CHAPITRE 14

Bout de luzerne ! Je me sens bien étourdie, tout à coup. Je risque de perdre connaissance si je ne fais rien ! Je descends du canapé et m'allonge sur le tapis du salon, les jambes dans les airs. Je dois aider le sang à retrouver le chemin jusqu'à mon cerveau. Voilà, c'est mieux.

Tom : Toujours là ?

Moi : Oui, désolée. Petite chute de pression.

Tom : Es-tu OK ? Tu veux que je vienne te voir ?

Moi : Je suis chez moi. Trop loin. Mais merci quand même.

Moi : Je ne sais pas quoi dire, Tom.

Moi : Lady Gaga… C'est tellement mieux qu'un stage dans un journal.

Tom : Rien ne t'empêche de faire les deux. 😉

COOL !

Mon cerveau surchauffe. Mon cœur palpite.

J'ai l'impression d'avoir trop d'émotions à gérer en même temps. J'écris à Thomas que je dois réfléchir à tout ça (« bien sûr, je comprends »), que j'ai besoin de faire le point (« c'est normal, ma belle »), et que je ne peux pas prendre de décision immédiatement (« prends ton temps »). Depuis quand Thomas est-il aussi empathique ? Je ne comprends plus rien.

CHAPITRE 15

Problèmes de couples

CHAPITRE 15

— N'oubliez pas que la température peut grandement varier pendant notre séjour, dit monsieur Benoit en circulant dans le local qui nous sert de lieu de réunion. N'oubliez pas d'apporter des vêtements adaptés à toutes les conditions météorologiques, d'accord ?

J'opine du bonnet, concentrée. Je passe en revue dans ma tête les différents tiroirs de ma commode pour m'assurer que j'ai bien tout ce qu'il me faut pour notre sortie de plein air. Maman et moi sommes allées acheter les derniers articles manquants, ce dimanche, alors je crois que tout est en ordre.

— Est-ce qu'on peut apporter notre cellulaire ? demande Jeremiah en levant la main.

— Les cellulaires, les iPod, les tablettes et les autres appareils électroniques ne sont pas autorisés, répond monsieur Benoit d'un ton autoritaire.

— Quoi ?

— Qu'est-ce qu'on va faire !

— C'est ridicule !

Ça y est, c'est l'anarchie ! La moitié des élèves est déjà en train de se révolter. Pendant que Florence et Flavie, les jumelles « plus que parfaites et hyper mordues de plein air », affirment qu'on ne peut pas totalement être en communion avec la nature si on passe son temps à lire ses textos, je lève la main en silence. Monsieur Benoit rétablit l'ordre, aide les esprits à se calmer et me donne finalement la parole.

— Je suis d'accord avec votre décision, dis-je sur un ton conciliant. Un camp d'hiver, c'est l'occasion rêvée de nous éloigner de la technologie qui envahit notre quotidien. On a beaucoup trop souvent les yeux rivés à nos écrans et je crois que ça va nous faire du bien de prendre une pause.

Oh ! Mon commentaire ne fait pas l'unanimité ! J'entends des « Bouh ! » et des « Chou ! » derrière mon dos. Mais je n'ai pas terminé.

— Toutefois, ajouté-je un peu plus fort, je ne vois pas comment je pourrais pondre un article pour le journal de la ville si je n'ai pas le droit d'apporter mon téléphone pour prendre des photos et enregistrer des témoignages. Je pense que ça pourrait faire une belle publicité pour notre école et pour le club de plein air, qu'est-ce que vous en pensez ?

Monsieur Benoit se frotte la barbe avec la main. Il n'a pas le temps de répondre que Louis-David, un gars plutôt discret, me demande :

— Le journal de la ville ? Depuis quand tu écris pour *La petite rive*, toi ?

— Je serai leur stagiaire cet été, dis-je avec fierté.

En théorie, ce n'est pas tout à fait vrai, puisque je n'ai pas encore pris ma décision. Mais en pratique, c'est... pratique, non ? Hi ! Hi ! Et je dois avouer que j'aime bien le regard admiratif que mes coéquipiers posent sur moi. Un stage dans un vrai journal, c'est quand même cool !

— J'imagine que si c'est pour *La petite rive*..., répond monsieur Benoit, sans finir sa phrase.

Des cris de joie se font entendre. Il nous aurait annoncé que l'école fermait ses portes pour le reste de l'année que les élèves n'auraient pas été aussi enthousiastes. On dirait qu'il vient de nous sauver la vie, littéralement !

— Mais les conditions seront très strictes ! lâche-t-il en levant les bras pour attirer l'attention. Vous pourrez prendre des photos et écouter de la musique, mais il ne sera pas permis de texter pendant une activité. Encore moins d'éditer des photos ou de commenter les cordes de vos amis.

Sur le moment, tout le monde se tait. Mais de quoi il parle, au juste ? Éditer des photos ? Commenter les cordes de nos amis ? Je tourne la tête vers Roméo, qui hausse les épaules. C'est Laurie-Anne qui met fin au silence:

— Vous voulez dire qu'on n'a pas le droit de «*poster*» des photos ni de commenter les «fils d'actualité» de nos amis, c'est ça? demande-t-elle en essayant de ne pas rire.

Monsieur Benoit devient écarlate et répond que c'est bien ce qu'il a voulu dire. C'est clair qu'il ne connaît pas bien les réseaux sociaux! Heureusement, il prend la chose avec humour et tout le monde éclate de rire.

«N'oubliez pas de cocher le matériel sur votre liste à mesure que vous mettez votre équipement dans votre sac.» «Ceux qui ne m'ont pas remis la feuille signée par leurs parents d'ici demain seront exclus de l'activité.» «Pensez à bien vous hydrater dans les prochains jours.» Après les derniers conseils d'usage, monsieur Benoit nous laisse enfin partir.

Évidemment, Florence et Flavie restent dans le local pour discuter avec lui, tandis que le groupe se précipite vers la sortie. Roméo et moi empruntons le corridor qui mène à la cafétéria. On n'a pas encore dîné, alors nos estomacs commencent à protester.

CHAPITRE 15

Pendant que je m'installe à table avec mon plateau, mon cellulaire vibre dans ma poche. Je le sors pour voir qui m'appelle. « Numéro inconnu. »

— C'est qui ? demande Roméo en voyant que je ne réponds pas.

Je tourne mon téléphone pour lui montrer mon écran.

— Encore ? s'écrie-t-il, mécontent. C'est la troisième fois cette semaine !

Il agrippe mon cell d'un geste vif, répond et dit un « Allô » qui traduit toute son impatience. Moment de silence. Roméo serre les mâchoires.

— Arrêtez d'appeler, d'accord ? Peu importe ce que vous vendez, on n'est pas intéressés ! C'est du harcèlement, ce que vous faites. La prochaine fois, j'appelle la police !

Et il raccroche.

— Non, mais ça suffit ! lâche-t-il, exaspéré. Il y a des limites à ennuyer son monde !

— Tu crois que la police peut faire quelque chose ? dis-je en prenant une gorgée d'eau.

— Je ne pense pas, non. Mais si c'est un petit champion qui s'amuse à faire des blagues, ça risque de lui faire peur.

Je remercie Roméo pour son intervention héroïque et pique ma fourchette dans mon pâté au saumon. J'en suis à ma troisième bouchée quand Rosalie se plante devant moi, le regard noir, les bras croisés. Bout de luzerne ! Je ne sais pas ce qui la met dans cet état, mais elle est sur le point de me faire passer un mauvais quart d'heure, c'est moi qui vous le dis !

— Qu'est-ce que tu as fait ? articule-t-elle lentement, les dents serrées.

Son ton est si accusateur que j'ai l'impression d'être dans un procès pour meurtre. Je n'ai tué personne, que je sache !

— Qu'est-ce que j'ai fait ? Hum… C'est un peu vague comme question, dis-je, en regardant à peine Rosalie. Ce matin, je me suis levée, je me suis habillée et je me suis coiffée. Oh ! Je me suis brossé les dents, aussi. C'est ça que tu voulais savoir ? Si je m'étais brossé les dents ?

— Tu n'es qu'une hypocrite ! renchérit-elle, de mauvaise humeur. Je ne pensais pas que tu étais capable d'être si méchante !

— De quoi tu parles ? demande Roméo, impatient. Si tu veux accuser Morgane d'un crime, aie au moins l'obligeance de nous dire lequel.

— Merci, Roméo, dis-je en opinant du menton, la voix posée. C'est très galant de ta part.

— Pas de quoi, répond-il en mimant une révérence à la manière d'un gentilhomme.

Notre petit jeu n'amuse pas du tout Rosalie qui s'approche de moi, l'index levé à la hauteur de mon nez, l'air menaçant. Je ne sais pas si je dois rire ou me méfier, mais, puisque je ne sais pas encore de quoi je suis accusée, je me tiens tranquille.

— Tu as triché ! lance-t-elle, la voix aiguë. Tu as été choisie pour le stage alors que la date limite n'est même pas encore passée ! Comment as-tu fait ?

Oh ! Voilà de quoi il est question. Les nouvelles vont vite, dites donc ! Je prends une grosse bouchée de mon pâté (quoi ? j'ai faim !), et lui réponds avec arrogance :

— Je n'ai rien fait de particulier. Je me suis contentée d'être moi, c'est tout. Je ne fais pas exprès d'être aussi merveilleuse, Rosalie. Désolée si ça t'a empêchée de te faire remarquer.

Rosalie écarquille les yeux en prenant un air offensé, tandis que Roméo s'étouffe avec son morceau de pain. Je lui envoie quelques petites claques dans le dos (à Roméo, pas à Rosalie !) et lui fais signe de déguerpir (à Rosalie, pas à Roméo !).

La belle ex-BFF-d'Anna-qui-lui-a-volé-son-chum tourne les talons, insultée. Pendant ce temps, j'offre une gorgée d'eau à mon ami qui a du mal à reprendre son souffle.

— Ça va ? Tu vas t'en sortir ?

— Bon sang, Morgane ! lâche-t-il, impressionné. Tu me fais trop rire !

— Quoi ? Ça faisait longtemps que je voulais la remettre à sa place, celle-là. Si j'avais su que c'était elle, l'autre candidate pour le stage, j'aurais accepté le poste bien avant, juste pour la faire rager. Attends que je raconte ça à Anna !

Mais Anna est plus rapide que moi.

Anna : Vous avez fini de manger ?

Moi : Presque. Pourquoi ?

Anna : J'ai besoin de soutien moral. 😢

Roméo : Qu'est-ce qu'il y a ?

Eddy : Anna vient d'avoir une vision traumatisante.

Moi : Je ne comprends pas.

Roméo : Moi non plus.

Tom : Moi oui. Greg + « ??? » = baiser langoureux. C'est bien ça ?

Eddy : *Exactly !* On les a vus s'embrasser au beau milieu de l'agora. Devant tout le monde !

Tom : Qui est la fameuse « ??? » ?

Anna : Je ne sais pas. Une fille de cinquième secondaire, je crois.

Moi : Bout de luzerne ! Qu'est-ce que tu vas faire ?

Anna : Rien. Ça fait partie de notre entente.

Anna : C'est juste que... C'est juste que je trouve ça difficile de le voir avec une autre fille.

Eddy : *I understand**, Anna.

Eddy : Je sais comment tu te sens.

Eddy : Une relation de couple, ça se travaille à deux. Pas à trois. Encore moins à quatre.

Roméo : Pourquoi j'ai l'impression que ton message s'adresse à moi, Ed ?

Eddy : Tu te sens visé ?

Roméo : Un peu, oui.

Eddy : C'est peut-être parce que tu as quelque chose à te reprocher, dans ce cas !

Roméo : Je n'ai rien à me reprocher !

Eddy : *Right !*

* ***I understand.*** – Je comprends.

Eddy : Monsieur n'a jamais rien à se reprocher ! Monsieur est parfait !

Eddy : Monsieur est toujours gentil, attentionné, respectueux.

Anna : Hé ! Vous n'allez pas recommencer, vous deux ! Vous n'avez donc rien appris au cours de nos petites séances ?

Eddy : Bien sûr qu'on a appris quelque chose ! Mais on ne peut rien régler s'il y en a un des deux qui est trop têtu pour admettre ses torts.

Roméo : Tu parles de toi, j'espère !

Eddy : Pas du tout !

À côté de moi, Roméo s'apprête à répliquer. Je lui pique son téléphone avant qu'il n'ait le temps de réagir et je tape en vitesse :

Roméo : Excuse-moi, Ed. Tu as raison. On devrait arrêter de se chamailler tout le temps. Je t'aime.

Roméo reprend son téléphone et lit le message que j'ai envoyé au groupe. Aucune réaction. Je pensais qu'il me crierait dessus, mais au lieu de cela, il attend la réponse d'Eddy, qui met quelques secondes à arriver.

Eddy : Bien essayé, Morgane. Je sais que le message vient de toi. Redonne le cell à Roméo, s'il te plaît.

Moi : Comment as-tu su que c'était moi ?

Eddy : *Not important.*

Je lève la tête en direction de Roméo, qui m'explique qu'Eddy et lui se sont juré de ne jamais dire « je t'aime » devant tout le monde.

— Pourquoi ? C'est beau, « je t'aime ».

— Justement. On veut garder ça juste pour nous. C'est pour ça qu'il a tout de suite su que le message ne venait pas de moi.

Je pose une main sur son bras et lui demande, compatissante :

— Ça va si mal que ça, vous deux ?

— Disons que ça ne va pas fort, m'explique Roméo en fixant son contenant de lait. Et Eddy a raison sur un point…

— Lequel ?

Mon ami hésite. Je veux être là pour lui, je veux qu'il sache qu'il peut me faire confiance.

— Tu sais que tu peux te confier à moi, hein ? dis-je, la voix douce.

— Oui, je le sais.

— Alors, je t'écoute.

Roméo lève la tête nerveusement. La cafétéria est presque vide à l'heure qu'il est. Personne ne nous entendra.

— Eh bien, fait-il pour commencer, hésitant. Disons que… Disons que je n'ai pas été très bon pour admettre mes torts.

— Quels torts ?

Roméo se racle la gorge et se frotte les yeux avec les doigts. On dirait qu'il va m'avouer une abominable trahison.

— J'ai laissé un autre gars me faire des avances l'autre soir.

Oh ! Il vient *vraiment* de m'avouer une abominable trahison !

— Quoi ? Quand ça ? Où ? Comment ?

— Ce n'était pas grand-chose, s'empresse-t-il d'ajouter avant que je panique.

Mais il est déjà trop tard. Je panique.

— Voyons, Roméo ! À quoi as-tu pensé ?

— À rien, justement. Ça m'a fait du bien de voir qu'un autre gars pouvait être attiré par moi, tu comprends ? Mais on ne s'est pas embrassés. On a parlé, on a ri, on a dansé, il a posé sa main sur ma joue et c'est tout.

Mon ami me regarde de ses grands yeux noirs, le visage triste, les épaules basses. Je laisse passer une fille derrière moi avant de lui demander, curieuse :

— Est-ce que tu l'as revu ?

— Non. Et on ne se reverra pas non plus. C'est l'ami du chum de ma cousine. Les chances qu'on se recroise un jour sont assez minces.

— OK. Bon… Et tu as tout raconté à Eddy, c'est ça ?

Roméo hoche la tête, honteux.

— Je ne voulais pas qu'il y ait de secret entre nous.

— Tu as bien fait.

— Je ne sais pas, marmonne Roméo, déprimé. Eddy m'en veut à mort.

— Ça va finir par lui passer, dis-je pour lui remonter le moral. Vous êtes faits l'un pour l'autre, tout le monde sait ça. Allez, viens que je te fasse un câlin.

J'ouvre les bras bien grand et Roméo pose la tête sur mon épaule.

Je sais qu'on est encore jeunes et qu'il y a très peu de chances pour que Roméo et Eddy finissent leurs jours ensemble, mais dans ma tête à moi, rien ne peut leur arriver. Leur couple est invincible. Ils sont les superhéros de l'amour. C'est sûrement ça leur superpouvoir, tiens ! Affronter les épreuves de la vie à deux !

Roméo essaie de terminer son repas, mais il a perdu l'appétit. Il pousse son plateau un peu plus loin sur la table et lit ses textos. Je fais pareil. Nos amis ont continué la conversation sans nous, d'après ce que je vois. Je remonte à l'endroit où je les ai laissés et je continue ma lecture.

Eddy : Bien essayé, Morgane. Je sais que le message vient de toi. Redonne le cell à Roméo, s'il te plaît.

Moi : Comment as-tu su que c'était moi ?

Eddy : *Not important.*

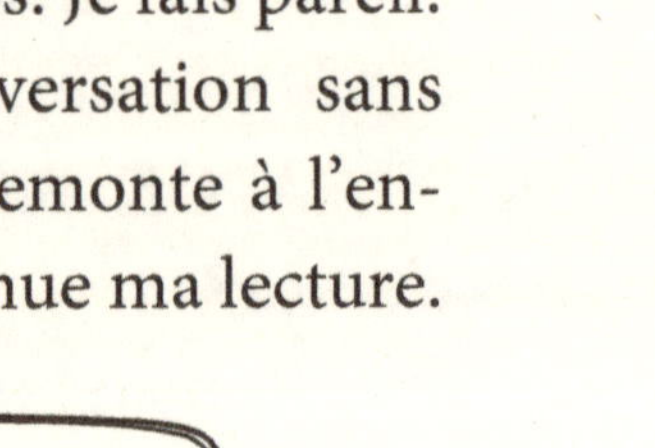

Anna : Hé ! Est-ce qu'on peut revenir à mon problème ? Qu'est-ce que je fais avec Greg ?

Tom : Sérieux, Anna, tu dois mettre un terme à tout ça.

Eddy : *I agree.* *

Anna : Vous voulez que je rompe ?

Tom : Es-tu heureuse ? Non. Ça répond à la question.

Anna : Oui, mais je l'aime !

Eddy : *Wrong !* Tu ne l'aimes pas, Anna. Tu aimes l'idée d'être en couple avec lui. Ce n'est pas pareil.

Anna : Tu crois ?

Tom : Je suis d'accord avec Ed.

Tom : Je sais ce que tu penses, Anna. Tu te dis que personne d'autre ne voudra de toi et que tu vas finir tes jours célibataire.

---

* ***I agree.*** – Je suis d'accord.

Anna : Ça ressemble un peu à ça, oui…

Tom : Tu vas tout de suite m'arrêter ça. Tu es super belle, super intelligente, super gentille, et tu es une amie formidable.

Anna : Veux-tu sortir avec moi ?

Tom : Très drôle !

Anna : Je suis sérieuse, Tom. On pourrait essayer. Pourquoi pas ?

Tom : Non.

Tom : D'abord parce que tu es mon amie.

Tom : Ensuite, parce que tu n'es pas amoureuse de moi.

Tom : Et pour finir, parce que j'aime Morgane, tu le sais bien.

Mes yeux s'attardent sur la dernière phrase de Thomas. Qu'il me dise qu'il m'aime quand on est seuls tous les deux, c'est une chose. Qu'il l'écrive devant tous mes amis, c'en est une autre. Et ça fait battre mon cœur bien fort !

Je sais que mes joues sont écarlates, et le fait que Roméo m'observe avec un grand sourire ne m'aide pas à me calmer les nerfs. Thomas est amoureux de moi. Tout le monde est au courant. Est-ce que je vais pouvoir lui résister encore longtemps ? Je n'en suis pas certaine.

CHAPITRE 16

Braver le froid

CHAPITRE 16

Je suis prête. Un peu nerveuse, mais prête. J'aurais aimé que le temps annoncé soit plus clément (pas trop chaud, pas trop froid, pas trop humide, pas trop sec, pas trop de précipitations non plus), mais on est en hiver, alors je dois m'y faire. Il n'y a pas de météo parfaite en cette saison. Pas dans ce pays, en tout cas ! On aura donc droit à une journée froide (très froide), suivie d'une journée enneigée. Faudra faire avec !

Me voilà donc en train d'arpenter les couloirs de la résidence avec des bottes dignes d'une expédition dans l'Antarctique, un manteau hyper chaud et un énorme sac sur mon dos. Il est gros, il est lourd, il pue. Mais vous savez quoi ? J'ai promis de faire des efforts, alors je vais laisser ma mauvaise humeur de côté – à cinq heures du matin, c'est tout un exploit – et je vais essayer de m'amuser. Allez, Morgane ! Tu vas passer un week-end entier dans le bois, faire de la raquette et dormir dans un abri que Roméo et toi aurez construit à partir de trois fois rien. C'est une expérience qu'on ne vit qu'une seule fois dans sa vie (à moins d'être masochiste). Profites-en !

Le plus important, c'est de ne rien oublier. J'ai vérifié ma liste des tas de fois et je suis plutôt certaine d'avoir tout mis dans mon sac.

Je sais, mais j'ai comme un doute, tout à coup…

J'arrête de marcher, dévorée par cette désagréable impression d'avoir oublié quelque chose de vital. Mais quoi ? J'ai beau faire l'inventaire de mon sac à dos dans ma tête, je n'arrive pas à mettre le doigt dessus. J'ai apporté des vêtements chauds, des vêtements moins chauds, ma brosse à dents, mon carnet de notes – je me prépare à écrire un article du tonnerre pour le *No Name* ! –, mon couteau, ma vaisselle, de la corde, mes raquettes…

Je ne vois pas ce que j'ai pu oublier. Prise de panique, je m'assois sur un banc et retire mon sac de mes épaules. Pas question de rejoindre les autres tant que je ne serai pas totalement prête. Roméo peut sûrement m'aider.

CHAPITRE 16

Moi : S.O.S. Rejoins-moi tout de suite dans le couloir près de la porte numéro 3. J'ai besoin de ton aide !

J'attends quelques secondes, mais mon ami ne répond pas.

Moi : Allô ! Es-tu là ?

Moi : Hé !

Moi : Youhou !

Toujours rien. Je me lève, j'étire le cou pour voir le groupe qui commence à se former un peu plus loin – monsieur Benoit est déjà là, les jumelles aussi –, et je constate que Roméo n'est pas encore arrivé.

Moi : Réponds-moi, s'il te plaît !

Roméo : Relaxe, je suis là ! Laisse-moi le temps d'ouvrir les yeux. Tu m'as réveillé.

Moi : Quoi ? Comment ça, je t'ai réveillé ? L'autobus part dans dix minutes ! Grouille !

Roméo : Je ne viens pas.

Moi : Très drôle ! Allez, je t'attends !

Roméo : Ce n'est pas une blague, Morgane. Je ne viens pas.

Je mets un moment à saisir le sens des mots qui sont écrits sur mon téléphone. Ce n'est pas possible ! Roméo ne peut pas m'abandonner ! Je n'y arriverai jamais sans lui ! Je ne connais rien aux techniques de survie ! Je ne sais pas faire de nœuds ! Je n'ai jamais allumé un feu de toute ma vie !

Moi : Qu'est-ce qu'il y a ? Tu es malade ? Tu t'es fait opérer pendant la nuit ? Tu t'es coupé et là, tu es en train de te vider de ton sang dans ton lit ?

Hein ?

CHAPITRE 16

Moi : Ton chien est mort ? Ton chat est mort ? Ta grand-mère est morte ?

Moi : Tu as besoin d'une sacrée bonne raison pour me laisser tomber à la dernière minute !

Roméo : J'en ai une.

Roméo : J'ai donné rendez-vous à Eddy cet après-midi. On a des trucs à régler.

Moi : Tu te moques de moi ? Tu m'abandonnes pour régler des trucs avec Eddy ? Ça ne peut pas attendre ?

Roméo : Non, ça ne peut pas attendre. Mon couple est plus important qu'une activité dans le bois. Désolé, Mo.

Moi : Et tu n'as pas pensé à me le dire avant ? Genre : hier soir !

Moi : Tu n'as sûrement pas décidé ça pendant la nuit !

Roméo : Tu as raison. Mais si je t'avais prévenue, tu n'y serais pas allée toi non plus.

Moi : C'est clair ! Je me retrouve toute seule, Roméo ! Je n'ai plus de partenaire !

Roméo : C'est là que tu te trompes. Je ne suis pas sans cœur, quand même. J'ai trouvé quelqu'un pour me remplacer.

Moi : Je ne veux pas quelqu'un d'autre ! C'est toi que je veux !

Roméo : C'est gentil, mais je suis déjà pris. ♥

Moi : Arrête de te moquer !

Roméo : Tu n'es pas curieuse de savoir de qui il s'agit ?

Moi : Non !

CHAPITRE 16

Bien sûr que je suis curieuse, mais je ne vais quand même pas l'avouer si facilement. Je me lève, fais quelques pas en direction de la porte 3 et examine le groupe discrètement. Presque tout le monde est là. Monsieur Benoit doit se demander pourquoi je ne les ai pas encore rejoints. Je m'apprête à lever le bras pour lui indiquer ma présence, mais je me fige sur place. Bout de luzerne !

Qu'est-ce qu'il fait là, lui ?

Moi : Je n'y crois pas ! Tu as demandé à Thomas de te remplacer ?

Roméo : Ouaip ! Il était super content ! ☺

Moi : Qu'est-ce qui t'a pris ? Je... Je ne suis pas prête à ça !

Roméo : Mais oui, tu es prête. Et Thomas aussi. Le pauvre gars a assez attendu.

Moi : Ce n'est pas à toi de décider si ça a assez duré ou pas ! C'est entre lui et moi !

Moi : Tu n'avais pas le droit de me faire ça ! Je te déteste, Roméo ! Tu n'es plus mon ami !

Roméo : 😃

Moi : Je t'interdis de te moquer de moi !

Roméo : Impossible, Morgane. Tu réagis comme une enfant.

Moi : Je réagis comme je peux, tu sauras ! 😠 J'abandonne ! Je laisse tomber. Je vais me recoucher.

Moi : Bye !

Moi : En fait, non, je ne te dis pas bye !

Moi : Je ne te parle plus. Bon !

CHAPITRE 16

Je n'arrive pas à croire que Roméo m'ait fait ça ! Quel traître ! Je croyais qu'il était mon ami !

Je glisse tant bien que mal mon énorme sac sur mes épaules et m'apprête à retourner dans ma chambre, quand j'entends la voix de monsieur Benoit :

— Ah ! La voilà ! Dépêche-toi, Morgane. L'autobus vient d'arriver.

Ça y est. Je suis démasquée. Impossible de me sauver, à moins de trouver une excuse béton.

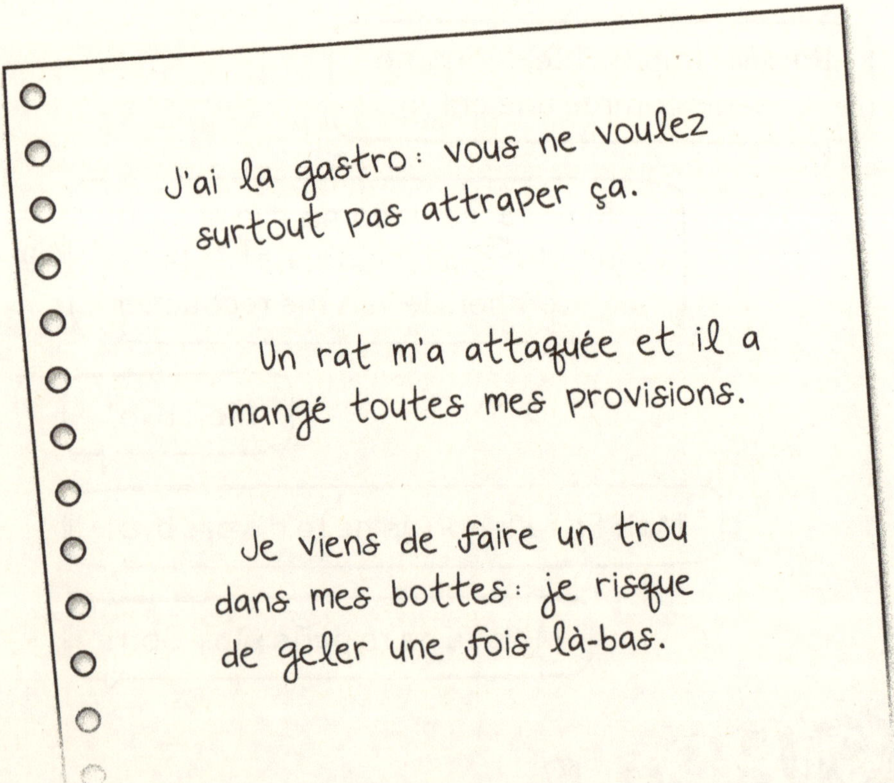

Mais Thomas ne me laisse pas le temps de réfléchir plus longtemps. Il court dans ma direction, m'agrippe par le bras et m'entraîne à sa suite, un grand sourire aux lèvres.

— On est prêts !

Bout de luzerne !

* * *

Le voyage en autobus est plutôt long. Je ne comprends pas pourquoi, d'ailleurs. Il n'y a que ça, des forêts, le long de l'autoroute ! N'importe laquelle ferait l'affaire, non ?

Moi : Tu sais que je te déteste, Roméo ?

Roméo : Mais non. Ça va bien aller, tu vas voir.

Roméo : Je suis sûr que tu vas me remercier en revenant demain.

Moi : Dans tes rêves ! En plus, je ne connais rien à la survie en forêt ! Tom non plus, d'ailleurs. On va se ridiculiser !

CHAPITRE 16

Roméo : Écris-moi si tu as besoin d'aide, OK?

Moi : Pas de danger ! 😠 Je suis trop en colère.

Bye !

ALLEZ, MORGANE ! VAS-TU BOUGONNER TOUT LE WEEK-END?

Pourquoi pas ?

PARCE QUE TU VAUX MIEUX QUE ÇA ! EN PLUS, TU AS DÉCIDÉ D'ÊTRE HEUREUSE, ALORS TU N'AS PAS LE CHOIX. CHANGE D'ATTITUDE ! MAINTENANT !

Comment je pourrais être heureuse en ce moment ? Deux jours ! Je vais passer deux jours collée sur Thomas. Comment vais-je faire pour lui résister ?

POURQUOI LUI RÉSISTER SI C'EST SI DIFFICILE ?

Oui, pourquoi ?

Argh ! Je ne sais plus quoi penser ! Même ma petite voix intérieure change d'idée sans arrêt.

Un long soupir s'échappe de ma poitrine. Le front appuyé sur la fenêtre glacée, je regarde défiler les arbres, les voitures et les panneaux routiers. Depuis combien de temps sommes-nous partis ? Aucune idée. Est-ce qu'on arrive bientôt ? Aucune idée. Est-ce que mon cellulaire va capter un réseau une fois là-bas ? Aucune idée.

C'est plutôt tranquille dans l'autobus. Monsieur Benoit a le nez plongé dans un livre et la plupart des élèves discutent entre eux. Certains prennent des photos, d'autres font des blagues. Il y en a même qui dorment. À côté de moi, Thomas écoute de la musique. Il a bien tenté d'entrer en communication avec moi depuis notre départ, mais je lui ai clairement fait comprendre que je n'étais pas d'humeur à parler. Il croit que c'est parce que je suis en colère contre Roméo, mais en fait, c'est parce que j'ai peur de ce qui pourrait arriver si je baissais ma garde. On n'a pas été si près l'un de l'autre depuis la Saint-Valentin, et je n'aime pas trop ce que je ressens au creux de mon ventre, en ce moment. J'ai peut-être une vraie de vraie gastro, après tout !

Ridicule ! Je n'ai pas la gastro et je le sais bien. Si je veux que mon séjour soit agréable, je dois faire un effort.

Moi : Est-ce qu'on est encore loin ?

Tom : Une demi-heure environ.

Moi : OK. Merci.

Je fais un mouvement pour ranger mon téléphone, mais Tom me texte à nouveau.

Tom : Excitée ?

Moi : Un peu.

Tom : Ça va être cool, tu vas voir !
Je suis content de faire ça avec toi.

Moi : Oui, moi aussi.

Moi : Je crois.

Thomas tourne la tête et me sourit. Mes lèvres s'étirent et je lui souris à mon tour. Je n'y peux rien. Je fonds. La réaction de mon corps est instantanée : mon visage s'empourpre, mon cœur bat plus vite et ma gorge s'assèche. Je n'avais pas réalisé que je m'étais ennuyée de lui à ce point (et qu'il me faisait de l'effet à ce point). Thomas vient de détruire ma Muraille de Chine en un clin d'œil.

Le reste du trajet se déroule en silence, mais je me sens mieux. J'ai cette nette impression que quoi qu'il arrive, Thomas et moi saurons y faire face.

Une fois l'autobus stationné, on récupère nos bagages, on enfile nos raquettes et on écoute les explications de monsieur Benoit.

— OK. Approchez, les jeunes ! dit-il en frottant ses moufles l'une contre l'autre pour se réchauffer. Voici comment ça va se passer. Nous allons marcher à travers les bois jusqu'à ce que l'on trouve l'endroit idéal pour établir notre campement. Il y a une petite clairière à environ cinq kilomètres d'ici, je crois que ça fera l'affaire. Il fait très froid, aujourd'hui, alors restez en mouvement pour vous garder au chaud. C'est parti !

Les jumelles partent devant, tandis que notre accompagnateur ferme la marche. Notre groupe forme une longue file d'une cinquantaine de mètres de long. On marche en silence, les yeux plissés, les lèvres gercées. Il fait tellement froid que j'ai l'impression que mes poumons gèlent de l'intérieur. Inspirer, c'est douloureux. Expirer, ça me glace les joues. Je pense que je souffrirais déjà d'hypothermie si Thomas ne m'avait pas donné des chauffe-mains à glisser dans mes moufles et des chauffe-pieds à mettre dans mes bottes.

Je me déplace plutôt bien avec mes raquettes, mais mon sac est si lourd qu'au bout d'une demi-heure, mes épaules me font terriblement mal. Comme je ne veux pas ralentir le groupe, je prends mon mal en patience et continue d'avancer malgré la douleur et les crampes musculaires.

— Tout est OK ? demande Thomas, juste derrière moi.

— Oui, oui. C'est bon.

— Tu veux que je porte ton sac un moment ?

Je lui fais signe que non - j'ai de la fierté, quand même ! - et continue à mettre un pied devant l'autre. Comme je n'avance pas super vite, mes coéquipiers me dépassent, me soufflent des paroles d'encouragement et me donnent des petites tapes sur l'épaule. Je tombe à quelques reprises - Thomas m'aide à me relever chaque fois -, je lâche un ou deux jurons - ne répétez pas cela à la maison - et finalement, monsieur Benoit me signifie qu'on sera bientôt arrivés. Effectivement, au bout d'une centaine de pas supplémentaires, je peux enfin laisser tomber mon sac au sol.

Ouf ! Je suis brûlée ! Et je ne suis pas la seule, on dirait. Autour de moi, tout le monde est assis dans la neige, les joues rouges, le souffle court. On boit un peu d'eau, on mange une collation, on enlève nos raquettes, on reprend des forces.

— Souvenez-vous de ce qu'on s'est dit lors de la réunion, nous avertit monsieur Benoit, les mains déjà pleines de branches. On ne doit pas demeurer inactifs trop longtemps ; sinon, on va geler sur place. Je sais que vous êtes fatigués, mais il y a beaucoup de travail à faire. Je vais tout de suite allumer un feu, alors n'hésitez pas à venir vous réchauffer si vous avez froid.

CHAPITRE 16

Thomas me tend la main pour m'aider à me relever. Je sautille sur place pour me secouer un peu. OK. C'est parti ! Mon coéquipier n'a assisté à aucune de nos réunions préparatoires, alors c'est à moi de lui expliquer ce qu'on doit faire.

— On va commencer par fabriquer notre abri, dis-je en observant les alentours. Ensuite, on allumera un feu et on pourra manger.

Thomas opine du bonnet en signe d'approbation. Je me déplace pour inspecter les arbres à notre disposition, l'œil alerte. Le choix du site est super important quand on fabrique un abri, c'est Roméo qui me l'a dit. Si je me fie à la méthode que nous avions convenu d'utiliser, je dois trouver deux arbres à peu près séparés par la largeur de deux personnes.

— Ceux-ci seront parfaits !

Thomas me rejoint et ensemble, on coupe des branches, on les attache en faisant des nœuds du mieux qu'on le peut, on creuse la neige, on étend des brindilles de sapin sur notre couchette et finalement, on couvre le toit de branches pour se protéger des intempéries. À la fin de la matinée, notre abri est terminé. Ce n'est pas le plus beau – et sûrement pas le plus solide –, mais on est super fiers du résultat !

Tom me tape dans la main pour me féliciter. Ensuite, il prend un thermos dans son sac, dévisse le couvercle et me le tend.

— Qu'est-ce que c'est ? fais-je en penchant la tête pour regarder à l'intérieur.

Aussitôt, une délicieuse odeur sucrée m'emplit les narines.

— C'est du chocolat chaud ? Tu as apporté du chocolat chaud ? Oh ! Thomas ! Je t'adore !

— Je sais ! dit-il en me faisant un clin d'œil. Allez, régale-toi.

Je prends une grande gorgée du liquide sucré et le sens descendre jusque dans mon estomac. Un grand frisson me parcourt l'intérieur. Ça me fait tellement de bien que je ne peux m'empêcher d'en boire encore un peu. Hummm ! Thomas est mon idole ! Je lui rends son thermos et il le porte à ses lèvres à son tour. Finalement, on boit le chocolat chaud au complet et on se remet au travail.

Nos coéquipiers sont bien plus avancés que nous dans leurs préparatifs. En plus d'avoir terminé leur abri, la plupart d'entre eux ont déjà allumé un feu et commencé à préparer leur repas. Les jumelles sont même en train de manger ! Bout de luzerne ! On doit se grouiller !

On ramasse des branches et on prépare notre feu juste devant l'entrée de notre abri.

— Besoin d'un coup de main ? nous demande monsieur Benoit, alors qu'on est tous les deux penchés au-dessus d'un tas de brindilles qui refusent de s'allumer.

— Non, merci, maugrée Thomas, avec orgueil. On va y arriver.

— Pas de problème. Faites-moi signe s'il vous faut quoi que ce soit.

OK. La vérité, c'est qu'on n'y arrive pas du tout. Comment les autres s'y sont-ils pris ? Sérieux, le bois est gelé, il y a de la neige partout et nos doigts sont tellement frigorifiés que j'ai l'impression qu'ils vont tomber. Et là, on ne sera pas plus avancés.

— Tout le monde nous regarde, râle Thomas en jetant un œil mauvais aux alentours. On est vraiment pourris.

— Mais non ! On est juste moins rapides, c'est tout. Continue, je vais me réchauffer dans notre abri. Après, je prendrai la relève.

J'ai l'air de la fille qui abandonne son partenaire dans un instant critique, mais en fait, je vais chercher de l'aide.

DANS UNE MINUSCULE CABANE DE BOIS ?

Ouaip ! Ça me coûte de l'admettre, mais on a besoin de Roméo. Je me glisse donc à plat ventre à l'intérieur de notre minimaison et sors mon téléphone de la poche de mon manteau. Je sais que je n'ai pas le droit de texter, mais c'est un cas de force majeure (et surtout, c'est l'honneur de notre duo qui est en jeu). Je souffle à quelques reprises dans mes mains gelées pour les réchauffer et je tape :

Moi : Besoin d'aide, Roméo.

Moi : Es-tu disponible pour sauver la vie de deux apprentis au bord de l'hypothermie ?

Roméo : Qu'est-ce que tu penses de ça, un gars qui s'endort pendant que tu lui parles ?

Hein ?

Moi : Hein ?

Roméo : Je sais, tu vas me dire : « Il était sûrement fatigué, s'il s'est endormi. »

Roméo : OK. C'est vrai, il était fatigué. Mais ce n'est pas une raison ! En plus, ce n'est pas la première fois que ça lui arrive.

Roméo : Je lui ai clairement dit que je voulais lui parler.

Roméo : J'essayais de sauver notre couple ! J'essayais de lui proposer des solutions !

Roméo : Tu sais qu'il m'a piqué une crise de jalousie hier soir ? Tout ça parce que j'ai parlé à Mathieu pendant trois secondes et quart.

Je suis un peu perdue. Je suis passée du mode « survie en forêt » à « crise existentielle d'un couple sur le point d'être brisé » en l'espace d'un clic.

Moi : C'est qui, Mathieu ?

Roméo : Le p'tit nouveau qui travaille à la cafétéria. Et tu ne sais pas ce qu'il a fait ensuite ? Il m'a regardé et il a souri.

Moi : Qui ? Mathieu ?

Roméo : Non ! Eddy !

Moi : Ben... C'est assez bon signe s'il t'a souri, non ?

Roméo : Pas ce genre de sourire, Morgane ! Tu ne comprends rien !

En effet, je ne comprends rien. En plus, je ne suis pas trop en position de l'aider, ni physiquement ni psychologiquement. Je suis allongée dans un abri de deux pieds carrés, j'ai froid, et tout ce qui me préoccupe pour l'instant, c'est de trouver le moyen de me réchauffer.

Oh ! Je sais ! Mon sac de couchage !

Pendant que Roméo continue à se plaindre de sa relation houleuse avec Eddy (et là, n'allez pas croire que je n'éprouve aucune compassion, c'est juste que mon cerveau n'est plus en état de fonctionner à cent pour cent), je fouille dans mes bagages pour trouver mon sac de couchage. Je frissonne de bonheur à l'idée de m'emmitoufler dans ce tissu doux et moelleux.

Ma main explore le contenu de mon sac… Voyons, où est-ce que je l'ai mis ? Sous mes vêtements ? Non. Derrière ma vaisselle ? Non plus…

C'est là que j'allume ! Mon sac de couchage est resté sur mon lit. *Dans ma chambre !* Dans la résidence ! À des kilomètres d'ici ! Qu'est-ce que je vais faire ?

CHAPITRE 17

Destruction complète de la Grande Muraille de Chine

CHAPITRE 17

Moi : C'est la catastrophe !

Roméo : Je ne te le fais pas dire.
En plus, je suis sûr qu'Eddy m'espionne.
Je l'ai vu lire mes mails l'autre jour.

Moi : Je ne te parle pas de ça, Roméo !

Moi : J'ai oublié mon sac de couchage !

Roméo : Hein ? Quel sac de
couchage ? Où es-tu ?

Moi : Allô !

Hein ?

Moi : Je suis dans le bois ! Avec
Tom ! Sans couverture !

Roméo : Dans le bois ?

Roméo : Oh ! Oui ! Désolé, Mo.

Roméo : J'étais un peu ailleurs.
Comment as-tu pu oublier
ton sac de couchage ?

Moi : Je voulais l'attacher à l'extérieur de mon sac à dos, mais j'ai oublié et je l'ai laissé sur mon lit.

Moi : Ce n'est pas ma faute.

Moi : J'étais à moitié endormie.

Moi : Il était cinq heures du matin !

Roméo : OK. Pas de panique. Est-ce que Thomas a apporté le sien ?

Moi : Attends, je vérifie.

OMG!

Moi : Oui. Il est là.

Roméo : Tu es sauvée, alors.

Moi : Quoi ? Tu veux que je lui pique son sac de couchage ?

Roméo : Mais non, voyons. Vous n'aurez qu'à vous coller. Son corps te réchauffera et vice-versa.

NON ?!

Un petit râle sort de ma bouche. Thomas et moi ? Collés l'un contre l'autre ? Toute la nuit ?

Roméo : Toujours là, Morgane ?

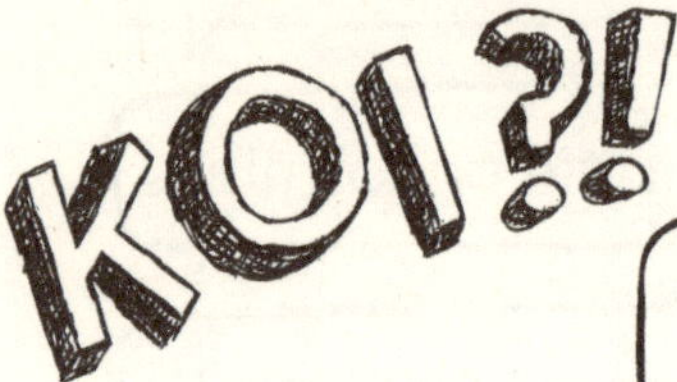

Moi : Oui.

Moi : C'est juste que... Je viens de comprendre un truc.

Roméo : Lequel ?

Moi : Je ne suis pas sûre de vouloir te le dire. Tu vas me trouver stupide.

Roméo : Pas plus que d'habitude. 😉

Moi : En fait, je n'avais pas réalisé que je dormirais avec Thomas cette nuit.

Moi : Je veux dire... On a construit un abri et tout, mais mon cerveau n'avait pas encore fait le lien.

Moi : Comment je vais faire ?

Roméo : C'est une technique assez simple, tu vas voir. Tu commences par t'allonger. Ensuite, tu fermes les yeux sans bouger et sans parler. Tu vas finir par t'endormir.

Moi : Arrête, Roméo. Tu sais très bien ce que je veux dire.

En effet, Roméo comprend très bien. J'attends qu'il me donne LE conseil qui réglera tout, mais au lieu de cela, il m'écrit :

Roméo : Laisse aller les choses, Morgane. Thomas est un bon gars. Profite du moment et c'est tout.

Moi : Traduction ?

Roméo : Je ne peux pas prendre de décision à ta place.

Moi : Grrr ! Tu ne sers à rien !

Moi : Peux-tu au moins m'aider à allumer un feu ?

Hi! Hi!

Roméo : Simple. Utilise un allume-feu. ☺

Moi : Bout de luzerne ! Merci, Roméo. Bye !

Je suis la pire des coéquipières de camping au monde ! Pourquoi je n'ai pas pensé à ça avant ? J'éteins mon cell, fouille dans mon sac et sors de l'abri sans prendre le temps de remettre mes moufles. Puis, je me précipite vers Tom, qui est toujours agenouillé dans la neige, les joues rouges, les mains presque blanches.

— Tiens, ça devrait aller mieux avec ça, dis-je, en lui tendant une briquette de la grosseur d'un jeu de cartes.

— Qu'est-ce que c'est ?

Son ton montre qu'il est impatient, ce qui est plutôt normal, vu les circonstances.

— Un allume-feu, dis-je, honteuse. Désolée, j'avais complètement oublié qu'on avait ça.

— Et ça sert à… ?

— Allumer un feu.

J'ai l'air d'une gamine sur le point de se faire gronder. Le menton baissé, les yeux piteux, j'attends de voir comment Thomas va réagir – il est clairement de mauvaise humeur. Il saisit la briquette, l'examine un moment, la jette sous les branches et l'allume. Quelques secondes plus tard, l'éclat des flammes illumine nos visages.

Thomas s'assoit dans la neige en soupirant et se réchauffe les mains quelques secondes. Puis, ses traits se détendent. Il hoche la tête, pince les lèvres et finit par éclater de rire. OK, ce n'est vraiment pas ce à quoi je m'attendais !

Je m'installe à côté de lui en souriant et contemple notre feu en appuyant mon dos au tronc d'un arbre. Puis, comme si c'était la chose la plus naturelle au monde, Thomas pose sa main sur la mienne. On reste là tous les deux, sans parler, sans bouger. Est-ce la chaleur des flammes qui réchauffe mon cœur ou la présence de Thomas ? Peut-être un peu des deux…

* * *

Le reste de la journée a filé à la vitesse de l'éclair. Évidemment, Thomas et moi ne sommes pas restés assis bien longtemps ; on ne peut pas vivre d'amour et d'eau fraîche dans les bois (pas à cette température, en tout cas !). Je nous ai donc ouvert une boîte de chili que j'ai fait chauffer dans un petit chaudron en acier inoxydable. Même s'il y avait plein de papillons qui se promenaient à l'intérieur de mon estomac, j'ai réussi à manger tout le contenu de ma gamelle.

Après avoir lavé notre vaisselle, rangé notre matériel et nous être assurés que notre feu ne manquerait pas de bois, nous avons rejoint les autres pour une activité de groupe. Au début, je croyais qu'il s'agirait d'un jeu ennuyant – le genre qu'on propose aux enfants de cinq ans –, mais en fait, c'était plutôt cool. On devait trouver le chef du clan adverse, lui voler son drapeau et le rapporter dans notre cache avant le coup de sifflet final. Bref, on a bougé, on a ri, on a couru d'un bout à l'autre de la forêt. Je suis exténuée, mais je suis heureuse.

Ensuite, on a mangé à nouveau, on s'est rassemblés autour du feu pour une soirée ponctuée de guimauves, on a chanté toutes sortes de chansons et on s'est préparés pour la nuit. Thomas a super bien réagi quand je lui ai dit que j'avais oublié mon sac de couchage. Il est allé voir monsieur Benoit, lui a expliqué la situation, et il est revenu avec une couverture en polar.

— On va être super bien, m'a-t-il assuré.

Il a étendu la couverture sur le sol et il s'est couché dessus, sans faire entrer un seul flocon de neige dans l'abri ! Comment a-t-il fait ça ? Et il a déployé son sac de couchage pour nous couvrir.

Maintenant que je m'apprête à le rejoindre, je sens la nervosité monter en moi. Je n'ai jamais dormi à côté d'un gars auparavant.

— Tu viens ?

J'hésite. Je sais que je ne devrais pas m'en faire, mais c'est plus fort que moi. Une petite boule s'est formée dans ma gorge. Vous savez, le genre de petite boule qui alimente nos peurs et empêche notre esprit rationnel de bien fonctionner ? Eh bien ! elle est là. Toute là ! Et elle refuse de s'en aller. En plus, elle s'amuse à me proposer des solutions complètement débiles :

✓ Me sauver en courant. (Pour aller où ? On est à des kilomètres de la civilisation !)

✓ Crier à l'aide. (Pas très mature. Et un peu extrême, étant donné que Thomas ne m'a même pas touchée.)

✓ Faire semblant de perdre connaissance. (OK. Et après, je fais quoi ? Je demande une ambulance ? Franchement !)

PRENDS SUR TOI, MORGANE. TU NE DOIS PAS LAISSER TES CRAINTES PRENDRE LE DESSUS.

Bien dit !

En plus, je ne suis pas *réellement* en danger. Je m'apprête seulement à m'allonger à côté du plus beau gars de l'Univers. Certaines filles paieraient cher pour être à ma place.

EXACTEMENT !

OK. J'y vais !

Je pose les genoux au sol et m'apprête à enlever mes bottes, quand une série de questions (toutes plus effrayantes les unes que les autres) me bombardent le cerveau.

CHASSE-LES !

J'essaie, mais j'en suis incapable. Bout de luzerne, qu'est-ce qui m'arrive ? Je n'ai pas l'habitude de me laisser envahir par de telles angoisses !

Est-ce que Thomas ronfle ? Et moi, est-ce que je ronfle ? Oh ! Je ne veux pas être la fille qui gronde comme un tracteur et qui empêche tout le monde de dormir ! Non, Annabelle me l'aurait dit…

Est-ce que je parle pendant la nuit ? Je sais que certaines personnes sont capables de raconter des trucs horribles quand elles sont nerveuses. Ce serait tout à fait mon genre ! Non, ça aussi, Annabelle me l'aurait dit…

Est-ce que je dois dormir tout habillée ou enfiler mon pyjama ?

CHAPITRE 17

— Est-ce que tu dors tout habillé ?

Thomas écarquille les yeux, étonné par ma question.

— Euh, oui. Pourquoi ? demande-t-il, un sourcil levé. Tu préfères que j'enlève tout ?

Je sais que Thomas fait une blague, mais il ne m'aide pas du tout, là ! Je ferme les paupières un moment (ce sera plus facile si je ne vois pas ses grands yeux posés sur moi), et je me concentre sur la meilleure façon de lui répondre. Il est hors de question qu'il se passe quoi que ce soit entre nous deux.

Ça, c'est ce que ma tête me dit, parce que mon corps, lui, réagit bien autrement. Mon cœur se déchaîne dans ma poitrine.

— Hé ! Je rigole, dit Thomas en ouvrant les couvertures pour me montrer ses vêtements. Je dors en pyjama, d'accord ? Viens, tu vas avoir froid.

Sa voix est douce. Elle est calme. Elle est rassurante. J'opine du menton et entre à mon tour dans l'abri, l'esprit plus tranquille. Quelques minutes plus tard, j'ai réussi à me changer et à me glisser sous la couverture sans tout détruire.

Cellulaire à la main, j'envoie un texto à ma mère. « Oui, je suis toujours en vie. Non, je ne suis pas morte de faim ni de froid. » Un texto à Yanie et à Louba. « Je m'apprête à passer la nuit avec Thomas ! OMG ! » Un texto à Anna. « N'oublie pas de terminer ton article du *No Name*, j'en ai besoin lundi sans faute ! » Et un texto à Roméo et à Eddy. « Je crois en vous, les gars ! Je veux que vos petites disputes soient réglées à mon retour, d'ac ? »

Quand j'éteins mon téléphone, je constate que Thomas m'observe en souriant.

— Quoi ?

— Rien. Je te trouve belle, c'est tout. Bonne nuit, Morgane.

Il replace son oreiller et se tourne sur le côté, dos à moi. Et moi, je reste figée. « Je te trouve belle. » Thomas m'a dit : « Je te trouve belle. » J'ai juste envie de lui dire à quel point je le trouve beau, moi aussi, mais mes lèvres demeurent fermées. Je n'ose pas parler, encore moins bouger.

De toute façon, c'est le moment de dormir. Je suis fatiguée. Mes paupières se ferment un instant, mais s'ouvrent presque aussitôt. Sérieux, comment je pourrais dormir, alors que je suis là, avec Thomas, dans une pièce aussi petite qu'une tasse à mesurer ? J'ai passé les dernières semaines à m'éloigner de lui, à me protéger, à tout faire pour éviter d'être blessée, et voilà qu'on est si près l'un de l'autre que je n'aurais qu'à étirer le bras pour poser une main sur lui.

Soudain, mon cœur bat plus vite. Oserais-je ? Non… Oui ? Je ne sais pas…

Je me tourne vers lui et lève une main dans sa direction. Mes doigts ne sont qu'à quelques centimètres de son dos. J'aimerais les poser sur son cou, sur son épaule, sur son bras. J'aimerais les glisser dans ses cheveux. En ce moment, les sensations que j'éprouve sont si intenses, si troublantes, que j'ai beaucoup de mal à retenir mon geste.

Thomas change de position en grommelant, ce qui me fait sursauter (et reprendre mes esprits, par le fait même). Je m'empresse de lui tourner le dos. Quelques minutes plus tard, la fatigue accumulée dans la journée a raison de mes émotions. Je sombre dans le sommeil.

* * *

Je me réveille au beau milieu de la nuit, à moitié dans les vapes, complètement transie. Qu'est-ce qu'il fait froid ! J'ai l'impression que mon corps s'est transformé en énorme glaçon. J'étire le cou pour juger de l'état de notre petit feu et constate qu'il est éteint. Zut ! Je vois bien quelques flammes au loin, mais elles proviennent des abris voisins. Je pourrais me lever pour rallumer notre feu, mais je suis si gelée et si fatiguée que je n'ai pas envie de sortir des couvertures.

À côté de moi, Thomas dort comme une bûche. Je m'approche un peu de lui, question de profiter de sa chaleur. Il n'y a rien de mal à cela, non ? C'est un cas de force majeure. En agissant ainsi, j'évite de déclencher une série d'événements incontrôlables qui pourraient entraîner de graves conséquences, y compris la mort ! En plus, je ne le touche même pas, alors je ne vois pas ce que ça pourrait changer pour lui. Il a l'air tellement bien. Sa respiration est lente. Apaisante. Régulière. Me sentant un peu mieux à présent, je ferme les yeux et me rendors tranquillement.

* * *

Un rêve me propulse six pieds sous terre, dans les profondeurs sombres et froides d'un cimetière.

Je suis allongée dans un cercueil, immobile. La sensation que j'éprouve est si terrifiante que j'essaie de crier, mais aucun son ne s'échappe de ma bouche. Elle est gelée. Mes muscles sont paralysés. Mon envie de chaleur est si grande que je me concentre de toutes mes forces.

Un petit doigt… Je réussis à remuer un petit doigt, puis l'autre…

Après plusieurs minutes à faire des efforts, je parviens à déplacer mon bras droit. C'est bien. C'est très bien. Il fait si froid… C'est si sombre…

Un son vient briser le silence. Qu'est-ce que c'est ?

Une respiration lente, régulière. Je veux savoir. Je dois savoir de qui il s'agit.

Mon corps roule lentement sur le côté. Il fait moins froid, tout à coup. Mon sang recommence à circuler dans mes veines. Mes sens s'éveillent. Mon cœur accélère.

Quand mes doigts effleurent le corps qui est à côté du mien, un long frisson me parcourt en entier. Ça y est, je reprends vie. Mon cœur bat de plus en plus fort, mes muscles se délient, je me réchauffe.

J'ouvre les yeux, un peu perdue, et comprends que tout cela n'était qu'un rêve. Il m'a pourtant semblé si réel, si vrai, que je mets quelques secondes à retrouver mes esprits. Quand je constate que Thomas est allongé sur le dos et que mon bras est posé sur sa poitrine, mon cœur rate un battement. Je fais aussitôt un mouvement pour m'éloigner, mais Thomas est plus rapide. Il pose sa main sur la mienne.

— C'est correct, Morgane, me souffle-t-il à l'oreille. Tu étais gelée.

Puis, il enroule un bras autour de moi et je me blottis contre lui, la tête sur son épaule.

Mon cœur bat si fort et si vite que j'ai l'impression que la terre entière peut l'entendre. Celui de Thomas aussi bat fort. Il palpite sous mon oreille. Je ne sais pas combien de temps on demeure ainsi, dans le noir, sans bouger. Ni parler. On est bien dans les bras l'un de l'autre.

Je devrais fermer les yeux et essayer de dormir, mais ma tête est remplie de pensées confuses. J'éprouve des sentiments pour Thomas, c'est évident. Mais j'ai également peur. J'aimerais surmonter mes craintes. Les chasser. J'aimerais les lancer au bout de mes bras et prétendre qu'elles n'existent pas. J'aimerais les rayer à grands coups de crayons (indélébiles, évidemment !) ou les jeter aux ordures.

RAISONS QUI M'EMPÊCHENT
DE SORTIR AVEC THOMAS :

✓ ~~Il est centré sur lui-même.~~
(Il n'a jamais été aussi attentionné depuis qu'on se connaît. Il fait tout ce qu'il peut pour me rendre heureuse.)

✓ ~~Il ne pense qu'aux filles.~~
(Il est célibataire depuis son retour de vacances et ne regarde aucune autre fille que moi.)

✓ ~~Il est homophobe.~~ (Mais non, c'est de l'histoire ancienne !)

✓ ~~Il est irrespectueux.~~ (Il est poli, gentil, drôle et serviable. Il est même hyper ponctuel !)

✓ ~~Il ne prend pas la vie au sérieux. Il ne pense qu'à s'amuser~~. (Ses notes ont grimpé de dix pour cent depuis le début de l'année. Si ce n'est pas du sérieux, je me demande ce que c'est !)

Soudain, la vérité me frappe de plein fouet. Thomas a changé. Réellement. Ma tête le savait, mais mon cœur ne l'avait pas encore assimilé, on dirait. Juste aujourd'hui, il a fait preuve de tant de gentillesse que c'en est déstabilisant. Il m'a aidée à me relever chaque fois que je suis tombée en raquettes (sans rouspéter une seule fois), il a pensé à apporter du chocolat chaud (et m'a laissée le boire presque en entier), et il m'a suivie pendant toute la durée du jeu pour s'assurer que je ne me perdrais pas en forêt.

Je n'ai pas le droit de faire fi de ses efforts. Je n'ai pas le droit de le repousser encore et encore sous prétexte qu'il n'est pas assez bon pour moi. Je dois lui laisser une chance. *Nous* laisser une chance. Je décide finalement de détruire ma Muraille à grands coups de pied. C'est bien beau, essayer de se protéger, mais je ne dois pas oublier ce qui est essentiel dans la vie. Et ma vie, je la veux palpitante. Excitante. Exaltante.

Et ça commence avec Thomas. Il m'aura fallu plusieurs mois pour le comprendre, mais on est faits l'un pour l'autre.

Les contraires s'attirent, comme on dit.

Satisfaite de ma décision, j'enfouis mon nez dans le cou de Tom afin de respirer son odeur. Il sent bon. Il sent le sapin. Je suis si bien dans ses bras que je resserre mon étreinte, un immense sourire aux lèvres.

— Tu fais de moi une meilleure personne, Morgane, souffle-t-il à mon oreille. J'espère que tu le sais.

Puis, il repousse une mèche de mes cheveux et pose un baiser sur mon front. Un petit baiser, tout léger, qui fait naître en moi une série de délicieux frissons. Et on se rendort.

CHAPITRE 18

Ça y est, je suis heureuse !

CHAPITRE 18

Je suis en pleine forme ! Je sais que je devrais être épuisée par mon week-end, mais j'ai tellement d'énergie lorsque j'arrive dans ma chambre que je m'empresse de :

- Défaire mes bagages ;
- Prendre ma douche ;
- Texter Anna (pas de réponse), texter Roméo (pas de réponse) et texter Eddy (pas de réponse). Qu'est-ce qui se passe ? C'est l'apocalypse ou quoi ?

Finalement, je décide de commencer la rédaction du prochain numéro du *No Name*. Je n'ai pas écrit depuis des jours, alors les doigts me démangent. En plus, j'ai eu une super idée en revenant dans l'autobus, tout à l'heure. Je parlais avec Thomas ♥ et il me disait à quel point il aimait mes sandales (toutes mes sandales !). En lui expliquant que je les achetais sur le Web, j'ai compris que ça ferait un super sujet à aborder.

Me voilà donc à mon bureau, hyper concentrée, en train de relire le début de mon article en attendant que mes amis me donnent signe de vie.

Le *No Name !*

Édito

Salut, tout le monde ! Aujourd'hui, j'ai envie de vous entretenir d'un sujet d'actualité de la plus haute importance : le shopping en ligne. Pour des jeunes comme nous qui habitent en région éloignée, Internet est un outil incomparable quand vient le moment de se choisir une robe, un jeu vidéo, des bijoux ou des accessoires qui sortent des sentiers battus. On l'aime bien, la boutique Bric à Brac dans le Quatrième Rang, mais on ne se le cachera pas, le choix est assez limité.

Voici donc, JUSTE POUR VOUS, le guide du PARFAIT CONSOMMATEUR EN LIGNE.

1 Vous aurez besoin d'une carte de crédit. Idéalement celle de vos parents. **Conseil :** ne faites pas de bêtises, genre, leur demander leur numéro de carte et acheter des trucs sans leur en parler. D'abord, ils vont finir par s'en rendre compte. Ensuite, le lien de confiance sera brisé et il vous sera alors beaucoup plus difficile de faire vos achats.

2. Vous savez exactement ce que vous voulez? Prenez quand même le temps de fouiller un peu. Plusieurs sites vous offrent des articles similaires à moindre coût.

3. Ne vous faites pas avoir avec les frais de livraison! J'ai déjà commandé des boucles d'oreilles super belles (vous savez, celles en forme de clé de sol? Je les porte parfois pendant les cours de musique). Elles coûtaient trois dollars vingt-cinq. Pas cher, hein? C'est aussi ce que je me suis dit. Une fois la commande passée (et payée), j'ai réalisé que les frais de livraison s'élevaient à douze dollars cinquante. C'est presque quatre fois le prix de mon article! Bon, j'avoue que je n'ai pas été très vigilante (j'aurais dû revoir mon panier en entier avant d'appuyer sur «commander»); c'est une autre erreurà éviter. (**Désolée, c'était la section moralisatrice de ma chronique).**

Faits IMPORTANTS à savoir au sujet du SHOPPING EN LIGNE :

1. Il y a de tout, tout le temps! Vous pouvez commander à n'importe quelle heure du jour (ou de la nuit), n'importe quel jour de l'année.

2 Il y a de plus en plus de faux sites. Ils utilisent les logos de magasins bien connus afin de frauder les consommateurs. Soyez vigilants !

3 Il y a un autre avantage à acheter en ligne : on n'a pas besoin de subir la mauvaise humeur de madame Thérèse qui travaille à la caisse du supermarché ou l'air bête du responsable de rayon qui a hâte de rentrer chez lui. Yé !

4 Il y a un autre aspect de l'achat en ligne qui me plaît : personnellement, j'aime beaucoup recevoir mes colis par la poste (ou mieux, par transporteur). J'ai l'impression que c'est ma fête et que quelqu'un m'a envoyé un cadeau à domicile. **Ne pas oublier que c'est vous qui avez payé ce qui est livré à votre porte ou dans votre boîte aux lettres !**

5 Il est difficile d'essayer des vêtements quand on les achète en ligne. Il faut donc attendre de les recevoir pour les essayer chez soi. Vous pouvez les retourner s'ils ne font pas l'affaire. Parfois, c'est plus de dérangement que de se déplacer en magasin.

6 Il y a un mais : le shopping en ligne augmente considérablement vos chances de devenir un acheteur compulsif.

Signes que tu es un ACHETEUR COMPULSIF :

- Tu commandes tellement souvent des trucs qu'il t'arrive de recevoir un colis que tu ne te souviens plus d'avoir commandé (oups !).

- Tu es connu du livreur au point qu'il t'appelle par ton prénom. Il connaît ta date d'anniversaire, ta couleur préférée et le nom de ton chien.

- Tu songes à faire tes courses en ligne, même si tu n'as pas de maison et qu'en théorie, ce n'est pas à toi de faire la commande.

- Tu ne sors plus de chez toi. Tu suis tes cours en ligne, tu regardes tes films en ligne, tu achètes tes vêtements, tes bijoux, ton matériel scolaire et ta musique en ligne. Tu aimerais trouver le moyen de te faire couper les cheveux en ligne. D'adopter un nouveau chien en ligne. Et même de t'acheter un amoureux en ligne. Bref, tu exagères vraiment !

Ma révision est interrompue par un message de ma mère. Oups ! J'étais tellement concentrée que j'ai complètement oublié de lui écrire.

Maman : Alors, cette escapade en forêt ?

ALLÔ !

Moi : C'était cool ! En plus, je suis revenue en un seul morceau.

Maman : Et ce morceau est-il en bon état ?

Moi : Un peu fatigué, mais ça va. Je n'ai pas beaucoup dormi.

Maman : Va te coucher, alors. Tu as de l'école demain.

Moi : Il est sept heures ! De toute façon, Anna va arriver d'une minute à l'autre. Son père vient la reconduire.

Maman : Ah oui ? Dis-lui bonjour de ma part, si tu le vois, d'accord ?

Moi : Pas de problème ! ♥ Je te laisse. Elle arrive.

Maman : Bisous, ma colombe. xxx

Bye !

CHAPITRE 18

Moi : Je t'écris cette semaine. xxx

À peine a-t-elle posé un pied dans notre chambre que mon amie se rue sur mon lit sans prendre la peine d'enlever son manteau et ses bottes.

— Hé ! Le plancher va être trempé !

— On s'en fiche ! lâche Anna en lançant ses bottes à l'autre bout de la pièce. Je veux des détails ! Je veux TOUS les détails !

— Les détails de quoi ?

— Ben là ! Tu le sais bien !

Anna colle ses deux index ensemble et les frotte l'un contre l'autre en imitant le bruit d'un baiser.

— Thomas et toi, fait-elle en poursuivant son geste et ses sons stupides.

J'étire le bras pour l'obliger à arrêter.

— Tu as quel âge ? Deux ans ?

— Excuse-moi, lance Anna en ricanant, bonne joueuse. Alors ? Vous vous êtes embrassés ou pas ?

— Non !

— Mais il s'est bien passé quelque chose, n'est-ce pas ? J'ai texté Thomas une bonne centaine de fois depuis que vous êtes revenus, mais il ne veut rien me dire.

Là, je dois avouer que je suis étonnée. Thomas est toujours le premier à se vanter de ses exploits avec les filles. Ça me surprend qu'il garde les détails pour lui, cette fois-ci. Quoique… C'est peut-être parce qu'il n'y a pas grand-chose à raconter.

PEUT-ÊTRE QU'IL VEUT SIMPLEMENT PRÉSERVER SON INTIMITÉ, MAINTENANT QU'IL A TROUVÉ LA PERLE RARE.

Peut-être. Je me lève pour me servir un verre d'eau tandis qu'Anna en profite pour retirer son bonnet et son manteau. Elle les lance par-dessus ses bottes et attend que je parle, les bras croisés, le visage radieux.

— Thomas et moi allons passer un peu plus de temps ensemble, dis-je enfin, les joues de plus en plus rouges.

— Oh ! *Yes* ! s'écrie Anna en applaudissant bien fort. Vous sortez ensemble ! Vous êtes tellement faits l'un pour l'autre ! Je le savais que ça finirait par marcher ! Je suis super contente pour vous !

— Du calme ! fais-je, les mains levées. Une chose à la fois, veux-tu ? On va commencer par faire quelques sorties. Après, on verra.

— Bah ! Je ne suis pas inquiète pour vous deux. Ça va marcher !

— En tout cas, c'est un début.

Je dépose mon verre d'eau sur ma table de lit et me laisse tomber à côté d'Anna. Une heure plus tard, elle a eu droit à un compte rendu complet (et très détaillé) de mon week-end.

* * *

Louba : Salut, beauté.
Qu'est-ce que tu fais ?

Moi : Je travaille sur la mise en page du *No Name*.

Louba : Ça s'appelle encore le *No Name*, ton truc ? Vous ne lui avez toujours pas trouvé de vrai nom ?

Hi ! Hi !

COOL !

Moi : Bof. Tout le monde s'est habitué, alors je ne vois pas pourquoi on changerait.

Yanie : Moi, je trouve ça cool. En tout cas, c'est original.

Moi : Comment était votre week-end ?

Louba : Mes parents étaient malades, alors je me suis occupée de mes frères. C'était déprimant.

Yanie : Je te remercie ! Si j'avais su que je te déprimais autant, je ne serais pas venue te tenir compagnie !

Louba : Relaxe, Yanie. Tu sais très bien ce que je veux dire ! J'aurais préféré qu'on aille faire du shopping au lieu de jouer aux Lego et aux petites autos.

Yanie : En tout cas, je trouve que tu as beaucoup de talent pour imiter le son des voitures. Tu es très crédible dans ton rôle de camion de pompier. 😜

Louba : J'ai de l'expérience, c'est pour ça !

Louba : Et toi, Morgane ? Comment c'était, ton week-end ?

Moi : Génial.

Moi : Hé ! Est-ce que je vous ai dit que ma mère va peut-être sortir avec le père d'Anna ?

Je sais, c'est de la vieille info, mais je viens de me rappeler que j'ai oublié d'en parler à mes amies. En même temps, ça me permet de repousser encore un peu le moment d'aborder le sujet qui les intéresse tant : Thomas !

Yanie : Wow ! C'est vrai ? C'est cool, ça !

Yanie : Ben, en fait... Je crois que c'est cool.

Yanie : Est-ce que c'est cool ?

Moi : Oui, Yanie. C'est cool.
Je ne sais pas si ça va aboutir à quelque chose de sérieux, mais c'est un début.

Yanie : Est-ce qu'Anna est au courant ?

Moi : Oui !

Yanie : Comment elle réagit à tout ça ?

Moi : « Comme dirait ma psy, le bonheur des uns fait le bonheur des autres. Si mon père est heureux, je suis heureuse pour lui. »

Yanie : Anna voit une psy ?

Moi : Oui. Je crois que c'est sa meilleure amie, même ! Elle l'aide à surmonter le deuil de sa mère.

Louba : Hé ! Vous avez bientôt fini, toutes les deux ?

Moi : Quoi ?

Yanie : Qu'est-ce qu'il y a, Louba ?

Louba : Je t'ai demandé comment avait été ton week-end, Morgane ! Pourquoi tu changes de sujet ?

Louba : Désolée pour Anna et sa psy, mais je me fiche un peu de leurs belles citations pour l'instant.

Hi ! Hi !

Moi : Hé !

Louba : Week-end. Forêt. Plein air. Comment c'était ?

Week-end. Forêt. Plein air. *Thomas*. C'était génial ! Qu'est-ce que je pourrais dire de plus ?

Moi : Disons que j'ai hâte d'être demain !

En temps normal, je trouverais long et exaspérant le fait de répéter à Louba et à Yanie tout ce que j'ai déjà raconté à Anna, mais ce n'est pas le cas. Ça me permet de revivre ces beaux moments en compagnie de Thomas.

Ses sourires, ses mots doux, la chaleur de son corps. Je ne sais pas comment va se dérouler la journée de demain (pour être honnête, je suis terrifiée !), alors je profite encore un peu de ma bulle. Elle est douce, moelleuse et confortable. Je voudrais y rester jusqu'à la fin de mes jours.

Mes amies me souhaitent bonne nuit et j'écris à Roméo. Pas de réponse. Je me demande si Eddy et lui sont parvenus à régler leurs petits différends. Je pourrais demander à Thomas… Oui ! C'est bon, ça ! Ça me donne une super bonne excuse pour le texter. Je ne veux pas avoir l'air de la fille trop attachée, alors j'imagine que j'ai besoin d'un prétexte pour faire les premiers pas. OK. Je me lance !

Oh ! Pas le temps ! Je viens de recevoir un message. C'est lui !

Tom : Salut, belle demoiselle.
Contente d'être au chaud ? ☺

Bout de luzerne ! Calme-toi, Morgane ! Tu ne peux pas taper avec des doigts qui tremblent. Tu risques d'écrire n'importe quoi. Inspire. Expire. Mieux. C'est beaucoup mieux.

Moi : Oui. Contente de prendre une douche, surtout ! Laisse-moi te dire que je ne sentais pas la rose.

Tom : Ah. Je trouvais que tu sentais bon, pourtant. Tes cheveux avaient l'odeur du miel.

Tom : J'adore le miel. ♥

Tom : Ça me rappelle l'été.

Tom : Et les pique-niques.

Hi ! Hi ! Hi !

Tom : Je vais t'emmener pique-niquer cet été. Il y a un super endroit près de la rivière que j'aimerais te montrer.

Moi : Cet été, hein ?

J♥TDR

Moi : Tu crois que tu seras toujours intéressé par moi cet été ?

Moi : Tu as le temps de te lasser bien avant que la neige ne se mette à fondre.

Tom : Pas de danger. Toi et moi, ça va durer, tu vas voir.

Hi ! Hi !

Tom : En plus, on a un concert de Lady Gaga à aller voir, tu t'en souviens ?

Moi : Si je m'en souviens ? Pas de danger que j'oublie ça !

Tom : Je vais tout faire pour que ça marche, nous deux, Morgane.

Tom : On va être tellement heureux que tu ne voudras pas me lâcher.

Les larmes me montent aux yeux quand je lis les dernières phrases de Thomas. C'est sûrement à cause de la fatigue, ou même à cause de toute la fumée que j'ai eue dans les yeux en faisant un feu. N'empêche que les larmes coulent sur mes joues, même si je n'ai aucune envie de pleurer. J'imagine que c'est du bonheur.

Moi : J'espère que tu as raison.

Tom : Bien sûr que j'ai raison.

CHAPITRE 18

Tom : On se voit demain, ma belle.

Tom : *Laila Tov.* xxx

Moi : *Laila Tov.* xxx

Bye !

CHAPITRE 19

La lettre qui va tout changer

CHAPITRE 19

— Sérieux, Anna, arrive ! Ils sont parfaits, tes cheveux !

— Minute, l'hystérique ! Je suis presque prête.

Je n'en peux plus ! Je tourne en rond dans notre chambre pendant que mon amie finit de se pomponner. Trois pas vers mon lit, deux pas vers la porte. Un petit arrêt devant le miroir de ma commode : c'est bon. J'ai de l'allure. Mon look est bien, mes yeux ne sont pas trop pochés (grâce à la magie des bâtons anticernes), et mes cheveux fraîchement lavés tombent en cascade sur mes épaules. J'aurais aimé me faire de nouvelles mèches pour commencer la journée, mais il aurait fallu que je me lève au petit matin pour ça. Il ne faut pas trop m'en demander.

Je consulte ma montre pour une troisième fois en cinq minutes et lève les yeux au ciel, impatiente.

— Je vais partir sans toi si tu ne te grouilles pas.

— Vas-y, Mo ! Tu n'es pas obligée de m'attendre, me répond Anna en claquant la langue.

— OK !

Pas besoin de me le dire deux fois. Je suis déjà partie !

Heureusement que le corridor est désert, parce que j'ai l'air d'une gamine de trois ans en gambadant ainsi. Je m'en fiche ! Je suis heureuse. Je suis confiante. Je suis fière de moi.

Un peu étonnée de voir qu'il n'y a pas plus de monde à la cafétéria, je m'installe à côté de Marianne et d'Hannah, deux filles de mon cours de musique. J'essaie de manger mon gruau à l'érable, mais j'ai l'impression d'avoir une énorme boule de pain coincée dans l'estomac. Inconscientes de la tornade qui fait rage dans mon ventre, Marianne et Hannah me posent plein de questions sur la prochaine édition du *No Name*. C'est bien. Ça permet à mon cerveau survolté (et impatient) de prendre une pause. Je réponds donc à leurs interrogations en prenant ici et là quelques bouchées de mon déjeuner. Une fois qu'il est avalé (question de survie), je souhaite une bonne journée aux filles, je vais porter ma vaisselle sale et je sors de la cafétéria qui se remplit peu à peu d'élèves aux yeux collés et au visage fripé.

Pour l'instant, je n'ai qu'une chose en tête : aller dans l'agora au plus vite !

Mon cœur cesse de battre un instant… Mais seulement un instant, parce qu'ensuite, il reprend son travail avec une telle intensité que j'ai l'impression qu'il essaie de creuser un immense trou dans ma poitrine. Thomas est là !

Bien sûr ! Je ne suis pas aveugle !

Oui, c'est aussi ce que je crois.

Thomas lève la tête et pose ses grands yeux sur moi. Il est content de me voir. Mieux que ça. Il est heureux. Et moi aussi. Les quelques pas qui me séparent de lui me donnent l'impression de traverser le désert du Sahara au grand complet : il fait chaud et ma gorge est complètement desséchée.

Qu'est-ce que je dois lui dire ? Salut ? Allô ? Bonjour ?

TU TE POSES TROP
DE QUESTIONS, MORGANE.
SOIS TOI-MÊME ET
ÇA VA BIEN ALLER.

OK. C'est ce que je vais faire.

— Salut, dis-je simplement.

Thomas me tend la main. Je la saisis. Il me sourit. Je lui souris. Il s'approche de moi et dépose un baiser sur mes lèvres. Je fonds.

Le monde pourrait être en train d'exploser à deux pieds de moi, je crois que je ne m'en apercevrais pas. Tout ce que je vois, tout ce que je sens, tout ce que je goûte, c'est lui. C'est comme si on avait concentré tout le bonheur de l'Univers dans un flacon et qu'on m'en avait donné une grande gorgée.

On reste ainsi à s'embrasser, à s'aimer, tandis que l'agora se remplit peu à peu. J'aimerais demeurer dans les bras de Thomas à tout jamais, mais Anna et Eddy nous rejoignent au bout d'un moment.

CHAPITRE 19

— Greg est encore en train d'embrasser une autre fille, se plaint mon amie en se laissant tomber sur la première marche, son sac à dos à ses pieds.

— Sérieux ? dis-je en tournant la tête dans sa direction. Laisse-le tomber, Anna. Tu vois bien qu'il se fiche de toi !

— C'est clair, ajoute Thomas. Ta relation avec Greg est toxique. C'est en train de te démolir.

— Vous avez sûrement raison, concède mon amie, le visage triste. Je vais lui parler tout à l'heure.

— Comme ça, je ne serai pas le seul célibataire de la gang, fait Eddy en croisant les bras.

Mes sourcils se froncent un moment, le temps que mon cerveau analyse l'importance de cette information. Puis, j'ouvre grand la bouche, complètement sous le choc :

— Quoi ? Roméo et toi, c'est fini ?

J'ai presque crié tellement la nouvelle me prend par surprise. C'est impossible ! Roméo et Eddy, c'est l'incarnation même de l'acceptation, de la tolérance, du bonheur avec un grand B ! Si ces deux-là ne sont pas capables de venir à bout de leurs différends, personne ne peut y arriver.

— Qu'est-ce qui s'est passé ? demande Anna, aussi ébranlée que moi. Vous vous êtes encore disputés ?

— On se dispute tout le temps, vous le savez, réplique Eddy, malheureux. Je pensais que ça finirait par s'arranger, *but I was wrong**. Roméo est venu chez moi hier après-midi pour m'annoncer que c'était fini.

— *My God*, marmonne Anna, sous le choc. Comment tu vis ça ?

— Plutôt mal, avoue Eddy.

Il tire la manche de son pull pour essuyer le coin de son œil et Thomas se précipite sur lui pour le serrer dans ses bras.

— On est là pour toi, mon pote ! On ne va pas te laisser tomber, tu peux en être sûr !

— Ça, c'est certain ! dis-je à mon tour en faisant un énorme câlin à mon ami et à mon amoureux.

— Bien d'accord avec vous ! ajoute Anna avant de se joindre à nous.

C'est donc dans un mélange de tristesse, d'impuissance et d'immense bonheur que commence officiellement ma vie de couple avec Thomas. On passe la semaine à remonter le moral à Eddy et à Anna (textos à profusion, souper improvisé dans notre chambre, soirée

* ***But I was wrong*** – Mais j'avais tort.

télé / pop corn / chips au fromage). Et Thomas et moi, on passe la semaine à s'envoyer des mots doux, à s'embrasser, à se complimenter, à profiter de chaque instant qu'on peut passer ensemble, tous les deux.

Le week-end suivant, maman vient me chercher à la résidence pour m'emmener à la maison. Le temps est doux à l'extérieur, alors on en profite pour gratter la couche de glace qui fond lentement sur la terrasse. Une fois le travail terminé, on s'installe sur des chaises, un verre de limonade à la main. Je sais que ce n'est pas encore tout à fait le printemps (le froid sibérien de la semaine dernière n'est pas très loin dans mon esprit), mais ça me fait du bien de penser que bientôt, la neige sera toute fondue, que je pourrai me promener en sandales et que l'école nous offrira une pause bien méritée pendant les deux longs mois de l'été.

— Tu sais ce que je pense ? me dit maman, ses grands yeux cachés derrière la noirceur de ses verres fumés.

— Tu penses que je suis la fille la plus merveilleuse au monde.

— Non, ce n'est pas ça.

— Hé ! fais-je en rigolant. Ce n'est pas très gentil !

— Je pense que tu es la fille la plus merveilleuse au monde ET que tu dois accepter le poste de stagiaire à *La petite rive,* déclare maman, un sourire au coin des lèvres.

— Quoi ?

Comment a-t-elle deviné que je m'apprêtais à refuser le poste ? Je n'en ai encore parlé à personne tellement ma décision a été difficile à prendre.

Je rêve de travailler avec des professionnels du milieu. D'écrire de vrais articles, de me rendre sur les lieux d'un festival, de couvrir des événements culturels, de rencontrer notre maire, notre députée, notre directeur des loisirs. En plus, je ne me vois pas passer mon été loin de Thomas. Mais je n'ai pas le choix. Je ne peux pas faire ça à maman. Déjà qu'on ne se voit pas beaucoup…

— Je suis sérieuse, ma belle, affirme-t-elle en observant les nuages. Tu souhaites devenir journaliste depuis si longtemps ! Tu ne devrais pas laisser passer cette chance.

— Oui, mais toi ? dis-je en l'observant intensément.

— Quoi, moi ? lâche-t-elle d'un air détaché.

— Tu vas t'ennuyer, non ? Tu vas trouver l'été long si je ne suis pas là.

— Ne t'inquiète pas pour moi, Morgane. Je suis une grande fille, je vais me débrouiller.

— Merci, mais je ne peux pas accepter.

Un rayon de soleil perce à travers les nuages et vient réchauffer mon visage. C'est là que je comprends. Je cesse de respirer un moment et j'examine maman avec attention. Un rictus est apparu au coin de ses lèvres. Oh !

— Comment ça va avec François ? dis-je, pince-sans-rire.

— Ça va très bien, pourquoi ?

— Tu n'aurais pas des plans avec lui, par hasard ?

Maman retire ses lunettes, plante ses yeux dans les miens et me fait un grand sourire.

* * *

ALLÔ !

Moi : Anna !

Moi : Eddy !

Moi : Thomas !

Moi : Vous êtes là ?

Moi : Répondez, c'est important !

Anna : Qu'est-ce qu'il y a ?

Tom : Tout va bien ?

Eddy : Tu me fais peur !

Moi : Ne vous inquiétez pas, j'ai une super bonne nouvelle à vous annoncer ! Vous ne devinerez jamais !

Anna : Tu as trouvé le moyen d'augmenter le nombre de visionnements sur ma chaîne YouTube ?

Anna : Ça stagne un peu de ce côté-là ces temps-ci.

Moi : C'est parce que tu ne publies presque plus rien, Anna.

Moi : Tu dois y consacrer un peu plus de temps si tu veux que ça fonctionne.

CHAPITRE 19

Eddy : Tu as convaincu Roméo que je suis l'homme de sa vie ?

Moi : Désolée, Ed. Je suis journaliste, pas magicienne.

Moi : Je l'ai texté tout à l'heure, mais il ne veut pas me parler pour l'instant.

Tom : Attends ! Tu viens de dire que tu es journaliste ?

Tom : Est-ce que ça veut dire ce que je pense que ça veut dire ? 😄

Eddy : Ce n'est pas une phrase, ça !

Hi ! Hi !

Moi : Ça dépend à quoi tu penses, Tom. ☺

Tom : Je pense que tu t'apprêtes à passer l'été avec nous, c'est bien ça ?

Anna : Quoi ? C'est vrai, Morgane ?

Eddy : *What ?* Je ne comprends rien à ce que vous dites. Pourquoi Morgane voudrait-elle passer l'été ici ? Il n'y a rien à faire, dans le coin.

KOI ?!

Moi : *La petite rive*, Ed ! Tu t'en souviens ?

Tom : Morgane va faire un stage à *La petite rive* !

Moi : Exact !

Anna : Et elle va habiter chez moi.

Tom : Oui, mais elle peut habiter chez moi aussi. Je n'aime pas trop l'idée qu'elle dorme dans la même maison que ton frère.

Moi : Ne t'inquiète pas, Tom. Anthony, c'est de l'histoire ancienne. Il est toujours aussi beau et aussi séduisant, mais il ne m'intéresse pas.

Hi ! Hi ! Hi !

Tom : Beau et séduisant, hein ?

Moi : 😝

Eddy : Est-ce qu'il est célibataire ? Je le trouve plutôt à mon goût, moi aussi.

Anna : Pas de chance, Ed. Il préfère les blondes.

MDR

Eddy : Je peux me teindre en blonde, s'il n'y a que ça. 😉 Je suis super bronzé, en plus !

Anna : Bronzé ?

Eddy : OK. Je suis carrément noir ! Quoi ? Il n'aime pas les Noirs ?

Anna : Disons qu'il n'aime pas les gars, qu'ils soient noirs, blancs ou verts.

Eddy : La vie est injuste !

Hi ! Hi !

Tom : Tu es sûre que tu ne veux pas venir chez moi, Mo ? Il y a plein de place à la maison. Tu aurais ta chambre à toi toute seule. En plus, mes parents ne sont presque jamais là.

Moi : C'est gentil, mais je veux passer du temps avec ma mère.

Tom : C'est quoi, le rapport ?

Anna : Avec ta mère ?

Moi : Yep !

Anna : Est-ce que ça veut dire ce que je pense que ça veut dire ?

Eddy : Bon, ça recommence !

Moi : Tu as tout compris, Anna.

Anna : Oh. My. God !

Hi ! Hi ! Je savais que l'annonce lui ferait plaisir. On en a beaucoup parlé, récemment. Elle en a aussi parlé à sa psy et tout le monde s'entend pour dire que ma mère + son père = excellente idée !

Je me lève de ma chaise en attendant la réponse d'Anna et me dirige vers la cuisine pour me servir un verre d'eau. Pendant que mon verre se remplit, mes yeux se posent sur une enveloppe identifiée à mon nom.

Eddy : Moi, je n'ai rien compris. Quelqu'un peut m'expliquer ?

Anna : Mon père et la mère de Mo sont amoureux ! Ils vont passer leurs vacances d'été ensemble ! C'est merveilleux, non ?

Tom : Je suis super content, moi aussi ! ☺

Eddy : Bon, eh bien ! si tout le monde est heureux, j'imagine que je le suis aussi.

Les messages de mes amis continuent de défiler sur mon téléphone. Je ne les lis plus. Je suis trop curieuse. Dans l'enveloppe que je tiens entre mes doigts, une lettre m'est adressée. Elle est écrite à la main. Mes yeux glissent immédiatement vers le bas de la page pour trouver la signature.

Ce n'est pas possible ! Ce nom, je le connais bien…

Mon cœur se contracte avec une telle violence que je lâche un cri de douleur. Le dos appuyé au mur de la cuisine, je me laisse glisser au sol, les mains tremblantes, la gorge nouée. Non… Ça ne se peut pas…

Cette lettre… Cette lettre froissée entre mes doigts représente le plus grand des trésors. Un trésor que j'attends depuis si longtemps, et qui vient bouleverser tout mon univers.

J'hésite.

Je ferme les yeux un moment.

Une partie de moi (qui ressent de la colère, de la haine, du ressentiment) a envie de déchirer cette lettre et de la jeter aux ordures.

Une autre partie, bien plus forte (qui ressent de l'espoir, du soulagement, et un amour inconditionnel), m'incite toutefois à la garder près de mon cœur.

Jamais je ne pourrai m'en débarrasser. Elle est trop précieuse.

Je la lis donc à partir du début, les yeux remplis de larmes, les genoux repliés sur ma poitrine. Une fois que c'est fait, je la plie en quatre. Je la range dans la poche de ma veste. J'éclate en sanglots.

Pourquoi ? Pourquoi maintenant, alors que ma vie va si bien ? Pourquoi après tant d'années ? Ma tête est tellement remplie de questions qu'une seule chose me vient à l'esprit : écrire à Thomas. J'ai besoin de lui. Maintenant. Je me laisse le temps de reprendre mes esprits et je tape :

Moi : Tu es là ?

Tom : Hé ! Où étais-tu ? Pourquoi as-tu quitté notre conversation ?

Moi : J'ai besoin de toi, Thomas.

Moi : Je suis toute à l'envers !

Tom : Qu'est-ce qu'il y a ? Tu m'inquiètes !

Moi : Pourquoi ma mère m'a-t-elle caché ça ?

Moi : Elle aurait pu m'en parler, non ?

Moi : Je lui en veux, Thomas ! Si tu savais comme je lui en veux !

Tom : Minute, Morgane ! Tu vas trop vite.

Tom : Explique-moi !

Tom : Où elle est, ta mère ?

Tom : Qu'est-ce qu'elle a fait ?

Moi : Elle n'est pas là. Elle est à l'épicerie.

Moi : Mais ce n'est pas ça l'important.

Moi : Elle m'a caché la lettre…

Tom : La lettre ? Quelle lettre ?

CHAPITRE 19

Moi : Je sais d'où proviennent les appels anonymes des dernières semaines.

Tom : Vraiment ? C'était qui ?

Moi : Mon père.

Moi : Il est en vie.

Moi : Il veut me voir.

À SUIVRE…

Lexique

BFF/Best – *Best friend forever*, meilleur(e) ami(e).
Blonde – Petite amie, amoureuse, copine.
Cellulaire/Cell – Téléphone portable.
Chum – Petit ami, amoureux, copain.
Cute – Mignon, charmant.
Déjeuner – Repas du matin pris peu après le réveil. En France, on dit en ce sens « petit déjeuner ». À noter qu'au Québec (ainsi qu'en Belgique et en Suisse), « dîner » désigne le repas du midi et « souper » désigne le repas du soir.
French(er) – Un patin, embrasser avec la langue.
Gang – Groupe d'amis, bande.
Party – Fête.
Secondaire – Au Québec, on fréquente l'école primaire pendant sept ans, de 5 à 12 ans (une maternelle suivie de la première à la sixième). Ensuite, on passe à l'école secondaire pendant cinq ans (de la première à la cinquième). Une fois le diplôme d'études secondaires obtenu, on poursuit avec deux années au cégep afin d'obtenir le diplôme d'études collégiales qui permettra à ceux qui le désirent d'entrer à l'université.

Le *No Name !*

Portrait

GENEVIÈVE GUILBAULT, auteure jeunesse

On dit que la nuit porte conseil, mais pour Geneviève, elle est surtout porteuse d'inspiration. Amoureuse des livres, de hockey et de bon thé, cette auteure québécoise vous présente ici sa nouvelle série *Textos et Cie*.

DÉJÀ PARUS

Hi ! Hi !

OMG!

Tu veux être informée de la sortie du PROCHAIN TOME de ma série?
Viens visiter la page Facebook de mon auteure: GENEVIÈVE GUILBAULT, AUTEURE JEUNESSE.
Tu souhaites participer à de FABULEUX CONCOURS?
NY
Ou bien celle de mon éditeur: KENNES EDITIONS.
N'hésite pas à les PARTAGER avec tes amies!
À BIENTÔT!

Juliette

DISPONIBLE EN BD

GAMER

La seule série de romans qui parvient à décoller les jeunes de leurs écrans !